GÜNTER PEHAM

Nicht aufdrehen

DER EINFACHE WEG ZU EINER BESSEREN WELT

Herausgegeben vom
Verein wertevollleben SINN-Stiftung

WerteVollLeben.com

Eigenverlag
Verein wertevollleben SINN-Stiftung

ISBN: 978-3-96111-493-1

1. Auflage 2018

Umschlaggestaltung, Layout und Satz:
Helmut Feilmayr
Bestellung und Vertrieb:
Nova MD GmbH, Vachendorf
Druck:
Sowa Sp. z o.o., ul. Raszynska 13, 05-500 Piaseczno, Polska

Verein wertevollleben SINN-Stiftung
Bahnhofstraße 7, A-4731 Prambachkirchen
ZVR-Zahl:068565566
office@wertevollleben.com, www.wertevollleben.com

Danke

Ein besonderes Dankeschön an alle bei WerteVollLeben, die an die Vision einer Wertekultur der gelebten Liebe glauben und mich dadurch immer wieder inspirieren, ermutigen und auch herausfordern, den Weg weiter zu gehen.

GÜNTER PEHAM
Initiator von WerteVollLeben

Licht aufdrehen

DER EINFACHE WEG ZU EINER BESSEREN WELT

INHALT:

Ich muss nicht unbedingt gewinnen, aber ich muss ehrlich sein. Ich muss nicht unbedingt erfolgreich sein, aber ich muss nach dem Licht streben, das in mir ist.

Abraham Lincoln, *16. Präsident der Vereinigten Staaten von Amerika*

Warum gibt es dieses Buch und was ist mit „Licht aufdrehen“ gemeint?

Mit dem Begriff „Licht aufdrehen“ verbinde ich eine sehr große Sehnsucht von mir aus der Kindheit. Von Klein an war es mir zuwider immer kämpfen zu müssen, mir alles „hart erarbeiten“ zu müssen. Ich bin in sehr einfachen Verhältnissen aufgewachsen und das Leben der Erwachsenen um mich herum hat sich immer irgendwie als hart und schwer angefühlt. Auch das liebevolle und herzliche Bild, das ich als Kind von Gott und Jesus Christus hatte, passte nicht in dieses harte Leben mit dieser Schwere, diesem Kampf und diesem lieblosen Zusammenleben der Menschen. Ein tiefer Herzenswunsch von mir ist daher schon immer ein Leben in Freiheit, das leicht, schön und harmonisch ist. Ein Leben, wo wir Menschen liebevoll und wertschätzend miteinander umgehen. Als ich schon fast aufgegeben hatte und nicht mehr daran glaubte, dass dieses wunderbare Leben möglich sein könnte, traf mich einer der härtesten, wenn nicht sogar der härteste Schlag in meinem Leben in Form einer Insolvenz. Dieses Ereignis hat mich dann komplett aus der Bahn geworfen und daraufhin begann ich vieles zu hinterfragen und ich suchte nach Antworten. Und wie schon in der Bibel geschrieben steht „Wer suchet der findet“ habe ich gefunden. Schritt für Schritt wurden mir immer mehr Dinge klar. In mir keimte wieder ein Funke von Hoffnung, dass diese tiefe Sehnsucht, dieser innige Herzenswunsch einer **WERTEkultur der gelebten Liebe**, tatsächlich Realität werden könnte.

Ich machte mich weiter auf die Suche, warum wir Menschen scheinbar nicht fähig sind so zu leben, wie wir uns das alle tief in unserem Herzen wünschen. Egal mit wem auch immer ich darüber sprach, alle wollen glücklich sein. Wir drücken es alle auf ganz spezifische und unterschiedliche Weise aus, was für uns ein glückliches und harmonisches Leben bedeutet, aber im Grunde wollen wir alle dasselbe. Trotzdem sind wir augenscheinlich nicht fähig es umzusetzen. Dafür haben wir dann auch die tollsten und kreativsten Ausreden und Schuld sind sowieso die anderen.

Auf der Suche nach der Ursache, warum wir das irgendwie nicht hinbekommen, hatte ich eine der wichtigsten und zugleich schmerzhaftesten Erkenntnisse:

„Ich mag mich ja selbst nicht."

Für mich selbst empfand ich überhaupt keine Liebe und Wertschätzung. Bei mir hat sich das in der Form ausgewirkt, dass ich, um diesen inneren Mangel an Selbstwert zu kompensieren, ein Helfersyndrom entwickelt habe. Und da sind wir aus meiner Sicht auch beim Kern, bei der Hauptursache für all die Herausforderungen des Lebens, angekommen. Wir glauben im Außen ändern zu können, wie wir uns in unserem Inneren fühlen.

Wenn wir uns selbst nicht lieben, ist es ziemlich finster in uns. Wir versuchen, das was uns im Innen fehlt, im Außen zu kompensieren. Das funktioniert jedoch nicht. Ständig glauben wir uns selbst, anderen und Gott beweisen zu müssen, dass wir liebenswert, lobenswert und wertvoll sind, das wir so richtig coole Typen sind und so weiter. Egal was wir im Außen diesbezüglich machen, es ist nie genug, weil sich das Gefühl in unserem Inneren, dass wir uns selbst nicht wertvoll finden und uns daher nicht lieben, in keinster Weise ändert. In diesem Bereich unseres Lebens das Licht aufzudrehen, ist wahrscheinlich unsere wichtigste Aufgabe hier auf Erden. Der Mangel an Selbstliebe ist aus meiner Sicht zum Einen die Hauptursache für unsere zwischenmenschlichen Herausforderungen und zum Anderen **der Schlüssel zur Lösung** für alle unsere Probleme. Ja, für alle Probleme der Menschheitsgeschichte.

„Liebe deinen Nächsten **wie dich selbst!**" ist für mich eines der wichtigsten Zitate aus der Bibel. Liebe ich mich selbst? Wie gehe ich mit mir um? Was bin ich mir wert? Wie steht es mit meinem Selbstvertrauen und vertraue ich mir? Welches Bild habe ich von mir? Genüge ich mir selbst? So wie ich mich sehe, liebe und wertschätze, so tue ich es auch mit allen anderen Menschen, mit meinem Partner, meinen Kindern, meinen Mitmenschen und letztendlich mit der gesamten Schöpfung und mit Gott.

Zu lernen sich selbst zu lieben und wertzuschätzen ist die Basis für „Licht aufdrehen". In diesem Buch möchte ich Dich als Leser inspirieren und ermutigen, dich selbst über alle Maßen zu lieben. Das ist „DIE Lösung" für alle unsere Herausforderungen. Nur so kommen unsere Potenziale zur vollen Entfaltung und nur so sind wir fähig der größtmögliche Segen für uns, unsere Mitmenschen und die gesamte Schöpfung zu sein. Ich bin überzeugt, Gott wünscht sich nichts sehnlicher, als das wir uns als sein Ebenbild erkennen, das Licht aufdrehen, im Höchstmaß strahlen und uns über alle Maßen lieben. Nicht umsonst sagte Jesus mehrmals zu uns: „Ihr seid das Licht der Welt." Jetzt geht es nur mehr darum, dass wir ihm das auch glauben.

Ein weiterer Punkt ist, der mich zutiefst bewegt, dass wir Menschen dermaßen von Ängsten beherrscht sind und es überwiegend gar nicht mitbekommen. Und das, obwohl wir in einem noch nie da gewesenen materiellen Wohlstand leben und in unseren Breiten seit Jahrzehnten politischer Friede herrscht.

Die schlimmste dieser Ängste ist aus meiner Sicht die Angst „nicht zu genügen". Die gesamte Gesellschaft ist in einem sehr hohen Maß darin gefangen und schaut immer nur auf den eigenen Mangel. Mein Freund Karl Pilsl sagt immer, auch wenn ein Gefängnis goldene Gitterstäbe hat, es ist und bleibt ein Gefängnis. Viele haben zwar einen hohen materiellen Wohlstand, sind jedoch in ihrer Mangeldenke und der Angst nicht zu genügen gefangen. Was mich am meisten betroffen macht, wie intensiv diese Ängste schon auf die nächste Generation übertragen werden. Wir befürchten, dass unsere Kinder es nicht schaffen könnten und nicht zu dem werden könnten, was wir glauben, dass sie sein sollen. Daher tun wir alles um schon von Klein an dafür zu sorgen, dass ihnen alle Möglichkeiten offen stehen. Lernspiele, Sprachtraining, Reiten, Nachhilfeunterricht, Ballettunterricht, Schwimmtraining, Tennis, Golf und sämtliche andere Sportarten, Klavierstunde usw. gehören heute bereits zum Alltag der Kindergartenkinder. Der Tag ist von A-Z durchgeplant und getaktet. Kinder haben oftmals keine Chance mehr einfach nur Kind zu sein und sich frei und unbekümmert zu entfalten. Wir Eltern erkennen in diesem Moment gar nicht, dass wir in diesem Verhalten total in unseren Ängsten gefangen und davon getrieben sind. Wir wollen ja nur das Beste für unser Kind. Aber gut gemeint ist nicht gleich gut gemacht!

In unserem eigenen Leben wirken sich diese Ängste anders aus, jedoch ist die Ursache dieselbe. Wir versuchen, die Angst nicht zu genügen, also unser Mangelgefühl, im Außen zu kompensieren. Karrierestreben, Machtstreben, Unterwürfigkeit, Extremsport, Habgier, Selbstdarstellung, Leistungsdruck, Helfersyndrom und vieles mehr, sollen uns ein Gefühl des „Ich genüge" und des Glücks vermitteln. Jedoch ist es unmöglich, diesen inneren Mangel des „Ich genüge nicht" im Außen auszugleichen. Das führt häufig dazu, dass Menschen aufgeben und resignieren. Sie haben dann alle möglichen Fluchtgedanken wie Drogen, Sexsucht und alle möglichen andere Abhängigkeiten, ständiger Partnerwechsel, Depressionen bis hin zu Suizid. Aber nur wenn wir uns in unserem Innersten als „Genug“ erkennen, hört dieses quälende Gefühl auf.

Vor einiger Zeit hat mich ein ehemals hochrangiger österreichischer Politiker gefragt, wie sich aus meiner Sicht die Zukunftsaussichten darstellen, bei all den weltpolitischen und weltwirtschaftlichen Entwicklungen? Immer mehr Diktatoren kommen an die Macht, Ressourcen werden knapp, eine Völkerwanderung in Form der Flüchtlinge hat eingesetzt und der Rechtsruck in Europa schreitet voran. All das war Teil seiner Bedenken und vor allem die Befürchtung, welche Ängste diese Entwicklungen in Gesellschaft, Wirtschaft & Politik auslösen könnten und die verheerenden Folgen, die das haben kann.

Ich gab ihm recht, dass alle diese Entwicklungen ein gigantisches Angstpotenzial in sich tragen und dass Angst immer der schlechteste Berater und der größte Nährboden für Radikalisierung und Kriege ist.

Wenn wir Menschen meinen, diesen Fehlentwicklungen machtlos gegenüber zu stehen, macht sich in uns ein Gefühl von Ohnmacht breit. Auf diese scheinbare Handlungsunfähigkeit reagieren wir sehr häufig mit nicht nachvollziehbaren Aktionen. Um aus dieser Ohnmacht auszubrechen ist uns oft jedes Mittel recht. Auch wenn wir im Herzen wissen, dass das, was wir aus dieser ohnmächtigen Haltung heraus tun, falsch ist und großen Schaden anrichtet, tun wir es trotzdem. Wir wollen endlich dieses Gefühl der Hilflosigkeit loswerden. Wir fühlen uns als Opfer und wollen dieser Situation entfliehen. Die Geschichte hat zwar gezeigt, dass diese Handlungen zu keinen befriedigenden Lösungen führen, aber wir sehen in diesem Moment keinen anderen Ausweg. Manche lassen sich zu radikalen und menschenverachtenden Handlungen hinreißen und sind bereit Politiker zu wählen, deren Haltung absolut fragwürdig ist.

In dieser Ohnmacht steckt jedoch mindestens im selben Ausmaß eine riesige Chance. Wir haben in solchen Situation eine hohe Handlungsbereitschaft. Jetzt geht es nur mehr darum in welche Richtung diese aufgestaute Energie gelenkt wird. Darin steckt genauso die Chance, dass wir Menschen die Bereitschaft entwickeln, unsere Eigenverantwortung aufzunehmen und uns für das Gute einsetzen.

Wir Menschen brauchen wieder ein hohes Bewusstsein über unsere inneren Werte, wie unsere Gaben, Talente und Fähigkeiten. Vor allem diese spezifische Lösungsfähigkeit, die in jedem von uns von Geburt an angelegt ist. Zu wissen, wie einzigartig wir sind und wie sehr wir fähig sind ein hoch wirksames und selbstbestimmtes Leben zu führen, das gibt uns wieder das Gefühl von Hoffnung und Zuversicht. Wir erkennen wieder, dass wir die Gestalter unseres Lebens sind und unsere Ängste verwandeln sich in Liebe. Wir haben wieder die Gewissheit, dass wir keine Opfer sind und den Entwicklungen der heutigen Zeit keineswegs ohnmächtig gegenüber stehen. Wir wissen, dass wir selbst unser Leben gestalten und die Aufgabe haben, mitschöpferisch tätig zu sein. Denn das ist aus meiner Sicht von Anbeginn der Menschheitsgeschichte unsere Aufgabe. Wir sind hier auf dieser Welt um eine **WERTEkultur der gelebten Liebe**, in der wir gemeinsam in Freiheit unsere Werte voll leben, zu gestalten.

Ja, in diesem Bewusstsein zu leben ist höchst attraktiv. Die Herausforderungen, die trotzdem auf uns zukommen, meistern wir mit immer mehr Leichtigkeit und Souveränität. Unser Leben hat wieder Qualität. Diese Lebensqualität hat Auswirkungen auf unser gesamtes Umfeld und „Licht“ kehrt wieder ein in unseren Alltag.

Wir werden uns in den nächsten Kapiteln miteinander ein Bild verschaffen und herausfinden, wo sich diese scheinbaren Hindernisse verbergen, die uns immer wieder zurückhalten das Licht aufzudrehen. Und wir beschäftigen uns auch damit, wie es immer besser gelingen kann, **über alle Maßen zu leuchten** und zu strahlen.

Jeder ist dazu geboren Licht zu sein, ausnahmslos jeder!

RAUM FÜR MEINE Notizen

In diesen Bereichen will und werde ich mein Licht aufdrehen:

Das, was ich befürchtet habe,
ist über mich gekommen.

IJOB (Hiob) *Kapitel 3, Vers 25*

„Das wollte ich doch gar nicht!“

Wir Menschen wundern uns oft, dass uns genau diese Dinge widerfahren, die wir gar nicht wollen. Und genau darin liegt „der Hund“ begraben. Weil wir es nicht wollen, bekommen wir genau das, was wir nicht wollen. Die Energie folgt immer der Aufmerksamkeit. Hast du schon mal versucht den Mangel, eine Krankheit, die Angst nicht zu genügen, die Angst zu versagen zu beseitigen, indem du **dagegen** angekämpft hast? Ich habe das schon oft gemacht und immer das Gegenteil bewirkt. Wir geben diesen Dingen unsere Energie und Aufmerksamkeit, weil wir befürchten, sprich Angst haben, dass sie unser Leben negativ beeinflussen könnten. Wir fördern unbewusst deren Wachstum. Schon Hiob sagte: „Das, was ich befürchtet habe, ist über mich gekommen.“

Es ist ganz einfach das umzukehren. Dafür genügt eine Entscheidung. Wir entscheiden uns **für** das, was wir wollen und hören auf, **gegen** etwas zu sein. Eine Ent-scheidung ist das Ende einer Scheidung. Durch die Entscheidung sind wir fest mit dem verbunden, wofür wir uns entscheiden. Es ist daher sehr wichtig, sich immer für etwas zu entscheiden und nie gegen etwas.

Was sind unsere Herzenswünsche und Sehnsüchte? Was wollen wir, dass in unserem Leben geschieht? Wie stellen wir uns unser Leben in Zukunft vor? Wenn wir uns auf die Antworten dieser Fragen konzentrieren und uns dafür entscheiden, fördern wir deren Wachstum. Auf einmal treten die Dinge ein in unserem Leben, die wir uns schon immer gewünscht haben. Ja, wonach wir uns Zeit unseres Lebens gesehnt haben.

Als ich mit 25 Jahren meine erste Firma gründete, eine Tischlerei bzw. Schreinerei, war meine größte Befürchtung zu versagen. Vor lauter Angst war ich ständig damit beschäftigt eine Pleite zu verhindern und hatte keine Zeit den Erfolg zu gestalten. Und weil immer das eintrifft, was wir befürchten, ereilte mich nach nur 4 Jahren die Insolvenz. Ich traute mir nicht zu, dass auch ich ein erfolgreicher Unternehmer sein könnte. Ich hatte für mich und meine Fähigkeiten keine Wertschätzung. Mein Selbstwert war unter jeder Kritik und ich war geprägt von der Angst zu versagen. Mir ging es genau wie Hiob, das was ich befürchtet habe, ist über mich gekommen. Hätte ich dieselbe Energie dafür verwendet ein erfolgreiches Unternehmen aufzubauen, wäre das mit Sicherheit aufgegangen. Damals wusste ich es einfach nicht besser und daher brauchen wir uns diesbezüglich nie einen Vorwurf machen. Wir können sogar dankbar sein, denn in solchen Situationen lernen wir Dinge, die wir sonst nie lernen würden. Gerade solche Herausforderungen helfen uns letztendlich, das Licht aufzudrehen.

Vor vielen Jahren habe ich einen Bericht über Mutter Theresa gelesen. Damals schon Friedensnobelpreisträgerin, wurde sie gefragt, ob sie bei einer Aktion **gegen** den Krieg mitmachen würde. Darauf sagte die weise, betagte Dame, dass sie dafür keine Zeit hat. Aber sollten sie planen was **für** den Frieden zu machen, sagte sie weiter, da wäre sie gerne bereit mitzuwirken.

Diese innere Haltung beziehungsweise dieses Bewusstsein, dass immer das wachsen wird, worauf wir uns konzentrieren, ist eine elementare Gesetzmäßigkeit, ein Schöpfungsprinzip. Das hat mich tief berührt und darin bestätigt, was ich zu diesem Zeitpunkt schon begonnen hatte, in der WerteVollLeben-Baumschule darzustellen.

Die WerteVollLeben-Baumschule zeigt ein sehr wichtiges Schöpfungsprinzip auf und stellt genau diesen elementaren Grundsatz bildlich dar. Wenn wir das verinnerlicht haben und es zu unserer Haltung geworden ist, haben wir das Wichtigste für unser Leben gelernt. Dieses ursächliche Prinzip entscheidet darüber, was in unserem Leben wachsen und entstehen wird. Daher ist die WerteVollLeben-Baumschule aus meiner Sicht der höchste Schulabschluss, den ein Mensch machen kann. Du findest sie auf unserer Internetseite *www.wertevollleben.com*

RAUM FÜR MEINE Notizen

In diesen Bereichen will und werde ich mein Licht aufdrehen:

„Den Gott ist es, der in euch das Wollen und das Vollbringen bewirkt noch über euren guten Willen hinaus.“

Philipper *Kapitel 4, Vers 8*

„Ich weiß, was ich will!“

Jeder von uns weiß ganz genau was er/sie will, nur ist es vielen von uns nicht bewusst. Dieses „Wollen“ in Form unserer Herzenswünsche und Sehnsüchte ist von Geburt an tief in uns verankert. Diese Herzenswünsche, diese inneren Bedürfnisse sind es, die in uns diese innere Führung, die Führung Gottes bewirken. Aus meiner Sicht einer der wichtigsten Punkte im Leben, diese Herzenswünsche herauszufinden. Gott nutzt jede Gelegenheit, die wir ihm geben, um durch uns zu wirken. Wir brauchen ihm das nicht abringen oder es von ihm im Gebet erflehen, wie das viele tun. Wir brauchen nur herausfinden, was diese inneren Bedürfnisse und Herzenswünsche sind, die Gott von Geburt an in uns bewirkt hat und durch uns vollbringen will noch über unseren guten Willen hinaus. Das ist doch der einzige Grund, warum er uns auf diese Erde gesandt hat. Gott möchte durch uns anderen Menschen seine Liebe zeigen. Er möchte, dass wir unser Licht, also das Licht Gottes in uns, erstrahlen lassen. Indem wir lernen, dem Wollen in unserem Herzen zu vertrauen, das Gott in uns hineingelegt hat, geben wir der inneren Führung Raum. Die einzigen, die das Wirken Gottes durch uns verhindern können, sind wir selbst. Wenn wir Ängste und Zweifel zulassen und uns damit beschäftigen, Dinge zu verhindern oder zu bekämpfen, sind wir mit der Finsternis beschäftigt und verbieten Gott indirekt durch uns zu wirken.

Das Leben ist nicht kompliziert, wie man immer wieder versucht uns einzureden. Das Leben ist sehr einfach und auf ein paar ganz einfache Prinzipien aufgebaut. Diese gilt es zu beherzigen. Saat & Ernte, das Gesetz der Polarität von Finsternis und Licht bzw. von Angst und Liebe, als auch das Gesetz der Anziehung sind drei dieser grundlegenden

Schöpfungsprinzipien, die ich hier auf ganz einfache Weise und in Kürze erklären möchte.

Das Schöpfungsprinzip von Saat und Ernte ist aus meiner Sicht die Lebensgrundlage schlechthin. Unsere gesamte Versorgung und das gesamte Wirken unseres Seins ist darauf aufgebaut. Was wir säen, das werden wir ernten. Jedem Bauern und jedem Landwirt ist das klar. Wenn wir Weizen säen, werden wir Weizen ernten. Leider hat man uns meist nie gesagt, dass das für alle Lebensbereiche des Menschen Gültigkeit hat. Also tun wir gut daran, nur Dinge zu säen (denken, sprechen, tun), die wir auch gerne ernten möchten. Liebe, Wertschätzung, Dankbarkeit, Freude, Friede, Langmut, Güte, Treue, Selbstbeherrschung, Sanftmut, Vertrauen sind solche Samenkörner, die eine gute Ernte einbringen. Sei immer für etwas, denn auch das sind Samenkörner auf dem Acker deines Lebens.

Ein weiteres Schöpfungsprinzip ist die Polarität. Finsternis ist fehlendes Licht. Angst ist nur fehlende Liebe und böses Verhalten von uns Menschen nur das Fehlen Gottes in unserem Herzen. Finsternis ist automatisch da, wo das Licht fehlt. Also brauchen wir nur Licht in die Sache bringen, wenn es finster geworden ist. Und dort wo Angst regiert, fehlt uns die Liebe bzw. das Bewusstsein über uns selbst, wie sehr wir fähig sind Lösungen zu gestalten. Der Nordpol hat Anziehungskraft, der Südpol keine. Der Pluspol in der Elektrizität leitet Strom und der Minuspol bzw. Nullleiter nicht. Können wir Finsternis messen? Nein, denn Finsternis hat keine Energie. Wir gehen gegen etwas vor, das uns nur darauf hinweisen soll, dass etwas fehlt. Dann macht es doch Sinn, das zum Wachsen bzw. zur Entfaltung zu bringen, was mehr werden soll. Die Finsternis zeigt uns, wo wir wirken sollen. Wo können wir mit unseren Gaben und Fähigkeiten „Licht aufdrehen"? Wo braucht es unsere Liebe, unser Licht in Form unserer Lösungsfähigkeit um einen Mangel, um Finsternis zu beseitigen? Die Finsternis ist nicht da um uns zu erschrecken, sondern dass wir erkennen wo Handlungsbedarf ist.

Das dritte Schöpfungsprinzip, das Gesetz der Anziehung, erklärt sich auch in ein paar einfachen Worten. Worauf wir uns konzentrieren, bzw. womit wir uns beschäftigen, das ziehen wir an, wofür wir uns entscheiden, das geschieht und kommt in Existenz. Also sollten wir uns tunlichst nur damit beschäftigen und uns nur dafür entscheiden, was wir in unserem Leben auch tatsächlich haben möchten. Jeder von uns hat sicher schon erlebt, dass er an eine bestimmte Person dachte und schon steht sie da oder ruft an. Dieses Prinzip funktioniert in allen Bereichen unseres Lebens. Es macht jedoch keinen Unterschied ob wir befürchten, dass etwas in unser Leben kommen könnte oder ob wir uns wünschen beziehungsweise entscheiden, dass etwas in unser Leben kommen soll. Da es ein Schöpfungsprinzip ist, wird sowohl die Befürchtung als auch der Wunsch und noch mehr die klare Entscheidung eintreten.

Jetzt wirst du dir vielleicht die Frage stellen, wie du dein Leben dahingehend gestalten kannst. Eines kann ich dazu sofort verraten: es ist viel einfacher als du denkst aber es ist ein Prozess. Wie die Umsetzung gelingen kann, wird in den nächsten Kapiteln ausführlich behandelt.

Es ist besser ein einziges Licht
anzuzünden,
als die Dunkelheit zu verfluchen.

Konfuzius

Es gibt nur einen Weg die Finsternis zu verwandeln.

Die Menschheit befindet sich in einem gigantischen Wandel mit tiefgreifenden Veränderungen. Die Welt steht vor großen Herausforderungen und Veränderungen die vor keiner Haustür halt machen! Trotz unseres noch nie dagewesenen Wohlstandes, eines jahrzehntelangen politischen Friedens und des gigantischen Wissens, das wir uns aufgebaut haben, haben wir zeitgleich eine extrem hohe Unzufriedenheit. In der Gesellschaft gab es noch nie so viel Angst und Unsicherheit, seit ich denken kann und das ist immerhin schon mehr als ein halbes Jahrhundert. Warum haben so viele Menschen das Gefühl, dass es so **finster** geworden ist auf dieser Welt? Und in der Finsternis ist es sehr schwer sich zu orientieren. Da kann einem sehr leicht ein Gefühl von Ohnmacht und Aussichtslosigkeit überkommen.

Warum ist das so und was steckt dahinter? Gibt es eine Möglichkeit das zu verändern? Müssen wir tatenlos zusehen, oder können wir selbst Einfluss nehmen? Mit diesen Fragen beschäftige ich mich seit weit über 20 Jahren und meine Antwort ist ein ganz klares **JA**. **JA**, wir sind fähig das zu verändern! Zum „wie“ kommen wir später.

Ich denke es ist wichtig zu verstehen, was dahinter steckt und wie sich so etwas aufbaut, um es verändern zu können.

Alles beginnt mit dem bewerten. Wir erleben als kleine Kinder, ja schon als Babys, dass die Erwachsenen einander bewerten und auch wir bewertet werden. Dabei geht es meist darum, was scheinbar fehlt oder nicht genügt, was jemand anderer oder wir noch nicht können, wo es noch sogenannte Mängel gibt und wo wir aus der Sicht anderer

Schwächen haben. Dieses innere Gefühl des Mangels, das daraus in uns entsteht, projizieren wir nach außen. Unbewusst versuchen wir die Ursache für dieses Selbstwertproblem in unserem Umfeld zu finden. Dafür müssen dann alle möglichen Dinge, vor allem unsere Mitmenschen, herhalten so wie unsere Nachbarn, die Politiker, der Chef, der Fußballtrainer, die Asylanten, die Amerikaner, die Russen und vieles mehr. Dieses Spiel setzt sich in allen Bereichen unseres Lebens fort. Wir Menschen werden von klein an darauf konditioniert, darauf zu schauen, was noch fehlt, noch nicht genügt, was wir nicht haben oder was mangelhaft ist. Wir werden auf „Finsternis“ getrimmt. Wir glauben dann sehr häufig, die Dinge ändern zu können, indem wir alle diese negativen Sachen aufzeigen, anprangern und allen sagen, wie schlimm das ist.

Ich möchte uns hier ein Bild malen und uns in eine andere Gedankenwelt entführen. Stellen wir uns einen stockdunklen Raum vor. Und jetzt gehen wir her und versuchen die Finsternis zu vertreiben. Wir schreien sie mal so richtig an, vielleicht erschrickt sie ja und verschwindet. Oder wir gehen her und versuchen sie durch massives Gestikulieren zu vertreiben. Wir können auch der Nachbarin erzählen, wie finster es bei uns ist und die erzählt wahrscheinlich uns wiederum, dass es bei ihr noch viel finsterer ist als bei uns. Bei all diesen Methoden des „Finsternisvertreibens“ sind der Kreativität keine Grenzen gesetzt. Aber glaubst du, dass eine dieser Methoden Wirkung zeigen wird? Du denkst dir jetzt, dass das eh von vornherein klar war, dass alle diese Dinge nicht helfen werden. Aber warum versuchen wir genau das so oft im normalen Leben, wenn das eh so klar ist? Warum erzählen wir Menschen dann ständig einander, wie finster es in unserem Leben ist, was nicht funktioniert und wer schuld daran ist, dass es so finster ist? Ja und dann entsteht oft ein richtiger Wettstreit, bei wem es am finstersten ist. Hören wir doch mal hin bei den Stammtischen, den Kaffeekränzchen und dergleichen, bei all den vielen Begegnungen des Alltags. Schauen wir uns die social media-Plattformen und alle andere Medien an? Überall wird aufgedeckt, alles berichtet, was falsch gelaufen ist in Gesellschaft, Wirtschaft und Politik. Sobald einer den kleinsten Fehler macht, wird er schon an den Pranger gestellt. Überall können wir diese Entwicklungen feststellen, in den Familien, in den Vereinen, im Bildungssystem, am Arbeitsplatz, in der Politik. Letztendlich in allen Bereichen der Gesellschaft. Es wird nur mehr darauf gewartet, dass jemand einen Fehler macht und schon prügeln alle drauf los. Wir wundern uns dann, dass kaum noch gute Leute bereit sind gesellschaftliche, politische und soziale Verantwortung zu übernehmen. Immer weniger wollen der Öffentlichkeit ausgeliefert sein. Ich verstehe sehr gut, dass mittlerweile viele Menschen zurückweichen und sich nicht mehr für solche verantwortungsvolle Positionen hergeben. Uns ist also doch nicht so wirklich bewusst, dass man Finsternis nicht einfach vertreiben kann, denn sonst würden wir anders agieren.

Auch ich habe dieselben Fehler lange Zeit gemacht und habe alles „verteufelt". Gerade in der Zeit, wo ich mich intensiv damit beschäftigt habe, wie unser aller Zusammenleben besser funktionieren könnte, wurden mir zuallererst die gigantischen Missstände und das hohe Verbesserungspotenzial bewusst. Auf einmal wurde mir klar, wie verrückt vieles ist, was wir Menschen so machen. Weil mich das wirklich sehr getroffen hat, dachte auch ich im ersten Schritt daran, wie wir all diese Missstände beseitigen können. Ich war dann fleißig damit beschäftigt Schuldige zu finden und die Gesellschaft um mich herum darüber aufzuklären, wie schlimm alles ist. Erst als mir das Prinzip von Saat und

Ernte beziehungsweise das Prinzip der WVL-Baumschule so richtig bewusst geworden ist, wurde mir auch klar, dass mein Verhalten genau das Gegenteil bewirkt. Aus dieser Erkenntnis heraus habe ich dann begonnen mein Verhalten Schritt für Schritt zu verändern und daraus hat sich eine andere innere Haltung entwickelt.

Es gibt nur eine Möglichkeit die Finsternis bzw. die sogenannten Missstände in unserem Leben zu verwandeln und diese ist ganz einfach, das ist **„Licht aufdrehen“**. In dem Moment, wo wir das Licht anmachen, muss die Finsternis weichen. Das ist ein Naturgesetz, ein Schöpfungsprinzip. Es ist immer unsere Entscheidung, ob wir uns der Finsternis oder dem Licht zuwenden. Die Finsternis hat nicht die Wahl, ob sie bleiben möchte oder nicht. Licht regiert immer über Finsternis, so wie Liebe immer über Angst regiert. In dem Augenblick, wo wir das Licht aufdrehen, ist die Finsternis in Licht verwandelt. Finsternis ist nur fehlendes oder verdecktes Licht. Würden wir in der Nacht ein schönes Stück von der Erde wegfliegen, wären wir schon wieder aus dem Schatten der Erde heraus und im Licht der Sonne. Denn im Weltall ist es immer hell. Dieses einfache Bild können wir auf alle Lebensbereiche übertragen. Natürlich ist es wichtig, zu sehen und zu wissen, wo die dunklen Bereiche unseres Lebens und in dieser Welt sind, damit wir genau dort das Licht hinbringen können. Aber es nutzt niemanden, sich darüber zu beschweren, dass es finster ist oder zu ergründen, warum es so finster ist und herauszufinden, wer Schuld daran ist. Einzig und allein das **„Licht aufdrehen“** verändert die Situation. Ich wünsche mir so sehr, dass uns das so richtig bewusst wird und uns in Fleisch und Blut übergeht. So wie das Fehlersuchen, Mitleid haschen, Aufdecken und Beschweren bei vielen zu einem Lebensstil geworden ist, so wünsche ich mir von Herzen, dass das **„Licht**

aufdrehen", das Gute suchen, sich auf Lösungen konzentrieren, einander wertschätzen und ein hohes Verständnis füreinander zu haben, immer mehr zu unserem Lebensstil, zur gelebten Kultur wird. Dann wird es wieder so richtig hell in Gesellschaft, Wirtschaft & Politik.

RAUM FÜR MEINE Notizen

In diesen Bereichen will und werde ich mein Licht aufdrehen:

Gedanken sind frei,
aber nicht alle Gedanken
machen frei.

(Günter Peham)

Plagen dich die Gedanken, dann geh Danken

Wer kennt das nicht, wir möchten ja eh das Gute denken, sprechen und tun, aber hunderttausend Gedanken schwirren in unserem Kopf herum und dazu meist noch solche, die uns runterziehen und uns Angst machen. Wir machen uns Sorgen über uns, unseren Partner, unsere Kinder, über die Arbeit, die Firma, die Gesellschaft und das Leben im Allgemeinen und über Gott und die Welt. Ständig läuft unser „Kopfkino". Mache ich alles richtig? Was denken andere über mich? Nimmt man mich überhaupt wichtig? Habe ich genug Geld, Macht und Besitz? Genüge ich? usw. Auch über die momentane Situation in der Welt machen wir uns oft sehr viele Gedanken und fühlen uns diesen Entwicklungen ausgeliefert. Obwohl wir in einem noch nie da gewesenen materiellen Wohlstand leben, gibt es eine sehr hohe Unsicherheit bei uns Menschen. Psychische Krankheiten wie Depression und Burnout nehmen extrem zu. Irgendwie liegt so eine kollektive Unzufriedenheit in der Luft. Wenn das auch Dich betrifft, habe ich eine ganz einfache Empfehlung: **plagen Dich die Gedanken, dann GE(H) DANKEN**.

Aus meiner Sicht haben wir nur ein Problem und zwar ein WERTschätzungsproblem. Wir schauen zu sehr darauf, was scheinbar fehlt und auf den Mangel, anstatt auf die guten Dinge in unserem Leben und um uns herum.

Dankbarkeit ist die beste Waffe gegen Frust, Depression und Burnout. Es ist so einfach dankbar zu sein, wenn wir auf das schauen **was ist** und nicht darauf was fehlt. Sei dankbar darüber, wie einzigartig Gott Dich geschaffen hat und über die ganz einfachen und selbstverständlichen Dinge in Deinem Leben. Du hast so viele Dinge, die für viele

Menschen auf dieser Welt absolut nicht selbstverständlich sind. Also **geh Danken**. Wer dankbar ist, ist voll Freude und wer voll Freude ist, ist begeistert. Dankbare Menschen leben ein Leben der Begeisterung und Freude. Dankbarkeit räumt auch die Umstände weg, weil sie uns auf ein höheres Niveau bringt und wir auf einmal über den Umständen stehen und uns diese ganz klein vorkommen. Auf einmal sehen wir die Probleme, die sich uns in den Weg stellen, als Herausforderungen und wir überwinden sie mit Leichtigkeit.

Dankbarkeit ist eine sehr einfache und höchst effiziente Form von **„Licht aufdrehen"**. Unser Gehirn kann immer nur einen Gedanken auf einmal denken. Wir können nicht im gleichen Augenblick zu Tode betrübt und Himmel hoch jauchzend sein. Also, wenn wir unseren Fokus darauf legen, wofür wir dankbar sind, sind unsere Gedanken automatisch auf die guten Dinge in unserem Leben gerichtet und das bringt gigantische Vorteile mit sich. Wir möchten ja, dass die guten Dinge in unserem Leben mehr werden, oder? Wenn wir nun unsere Gedanken darauf ausrichten, werden sich genau diese Dinge stärker entwickeln in unserem Leben und in unserem Umfeld. Dankbarkeit ist wie ein Dünger und fördert die positive Entwicklung unseres Lebens. Auch ich bin mir dessen bewusst, dass es gerade in den Situationen, wo es am wichtigsten wäre, dankbar zu sein, am herausforderndsten ist. Gerade in diesen Situationen, **wo uns die Finsternis zu Übermannen scheint, sind wir am meisten gefordert, das Licht aufzudrehen.**

Die Dankbarkeit, die von innen kommt, hat die stärkste Wirkung. Diese setzt uns frei von den äußeren Einflüssen. Das macht unsere Dankbarkeit unabhängig von dem, wie andere Menschen mit uns umgehen und von den Umständen. Diese Form der Dankbarkeit entsteht, wenn wir immer mehr entdecken, wie einzigartig und wunderbar Gott uns geschaffen hat. Wir sind fokussiert auf das gigantische Potenzial in Form unserer einzigartigen Gaben und Talente, auf das „Licht“ in uns.

Eine der größten Sehnsüchte von uns allen ist glücklich zu sein. Dieses Grundbedürfnis vereint uns alle. Auch hier bildet Dankbarkeit eine entscheidende Basis. Aber dazu mehr im nächsten Kapitel.

RAUM FÜR MEINE Notizen

In diesen Bereichen will und werde ich mein Licht aufdrehen:

Menschen, die dankbar sind für das
was sie haben, egal wie viel es ist,
sind immer glücklicher,
als Menschen, die nur auf den
Mangel schauen.

(Günter Peham)

Glücklich sein

Eine der größten Sehnsüchte von uns allen ist glücklich zu sein. Dieses Grundbedürfnis vereint uns alle, das haben auch viele wissenschaftliche Untersuchungen ergeben. Glücklich sein heißt das Licht so richtig aufgedreht zu haben, zu wissen, dass wir Licht und Liebe sind. „Ich bin der/die ich bin!"

Sehr häufig sind wir der Meinung, dass andere Menschen dafür verantwortlich seien, uns glücklich zu machen. Aus meiner Sicht ist das auch der Hauptgrund warum heute kaum noch Beziehungen funktionieren. Es gibt nur einen Menschen in unserem Leben der uns dauerhaft glücklich machen kann und das sind wir selbst. Wenn wir das begriffen haben, ist auch die Grundlage für eine wunderbare Partnerschaft und Ehe und für alle anderen Beziehungen, ob geschäftlich oder gesellschaftlich, gelegt.

Für unser „glücklich sein" sind also nicht andere zuständig, sondern nur wir selbst und hier bildet Dankbarkeit eine entscheidende Basis. Wenn wir immer mehr die wunderbaren Schätze in uns, in unseren Mitmenschen und um uns herum entdecken und eine hohe Dankbarkeit und Wertschätzung dafür entwickeln, steigert dies unseren Pegel des Glücks enorm. Ich behaupte, dass es ohne Dankbarkeit kein andauerndes Glück gibt. In allen Gesellschaftsschichten findet man glückliche und unglückliche Menschen, ob reich oder arm, ob in der sogenannten Zivilisation oder in den Ländern, wo der Wohlstand bei weitem nicht so ausgeprägt ist. Eines habe ich immer wieder festgestellt, Menschen, die dankbar sind für das was sie haben, egal wie viel es ist, sind immer glücklicher, als Menschen, die nur auf den Mangel schauen.

Wahrscheinlich wünscht sich das jeder Mensch, so richtig glücklich sein zu können. Was braucht es dazu? Wann kann ein Mensch tatsächlich richtig glücklich sein?

Auch ich habe mir sehr oft, wie wahrscheinlich viele Menschen, die Frage gestellt, was es braucht, damit ich glücklich bin und es mir gut geht. Was mich dabei am meisten gestört hat, dass es scheinbar von den äußeren Umständen abhängig ist. Das wollte ich so nicht mehr hinnehmen.

Der berühmte ungarische Glücksforscher Mihaly Csikszentmihalyi hat herausgefunden, dass Menschen oft in den widrigsten Umständen Glücksmomente erlebt haben. Sogar in den Konzentrationslagern des 2. Weltkrieges ist es Menschen gelungen, für sich Glücksmomente zu erschaffen. Der Apostel Paulus schreibt in der Bibel in Phil. 4,4 dass wir uns allezeit freuen sollen. Mir wurde klar, da muss es etwas geben, wie wir das selbst beeinflussen können.

Wann immer mich heute Menschen fragen, wie es mir geht, ist meine Antwort: „Sehr gut“. Was manche verärgert, weil das aus ihrer Sicht nicht möglich ist. Sie sind der Meinung, dass es im Leben jedes Menschen Situationen geben muss, in denen man sich unglücklich fühlt. Und da haben sie grundsätzlich auch recht, solange die äußeren Umstände über uns herrschen und wir darauf reagieren. Und diese liefern uns ausreichend Gründe uns unglücklich zu fühlen.

Aus meiner heutigen Sicht ist glücklich sein nicht von den äußeren Umständen abhängig. Glücklich sein ist eine Entscheidung. Ich wollte nicht mehr von den Umständen regiert werden, daher habe ich beschlossen und mich entschieden, dass es mir immer gut geht, auch wenn die Umstände versuchen mir einzureden, dass diese oder jene Situation ein guter Grund wäre mich unglücklich zu fühlen. Und hier ist ja genau des Pudels Kern: „Ich fühle mich unglücklich!“ Hier erkannte ich, dass ich selbst bestimmen kann wie ich mich fühle, wenn ich mich dafür entscheide. In diesem Bereich nicht mehr von den Umständen regiert zu werden und selbst bestimmen zu können, hat meine Lebensqualität enorm gesteigert.

So richtig glücklich sein ist also eine Entscheidung und kommt aus unserem Innersten.

RAUM FÜR MEINE Notizen

In diesen Bereichen will und werde ich mein Licht aufdrehen:

Alle Bereiche unseres Seins,
Körper, Seele und Geist,
wollen gut genährt werden.

(Günter Peham)

Der Mensch ist was er isst

Diese Aussage hören wir sehr häufig im Zusammenhang der körperlichen Ernährung und da kann ich nur beipflichten. Wie sieht es jedoch mit unserer ganzheitlichen Nahrung aus? Ist uns auch bewusst, dass alle Bereiche unseres Seins gut genährt werden wollen, vor allem auch unser Geist? Der Mensch ist Geist, hat eine Seele und lebt in einem Körper. Wie gut ernähren wir unseren Geist?

Die Menschheit ringt nach Lösungen für die Herausforderungen der heutigen Zeit. Sollten wir da die Sache nicht einmal bei den Wurzeln packen? Aus meiner Sicht liegen diese im Innersten des Menschen, im Geist, im „Spirit“, also in unserer Spiritualität.

Oft fragen wir uns, warum Menschen in Situationen, die wir als Armut, Mangel oder Not bezeichnen würden, um so viel glücklicher und zufriedener sind, als wir in der sogenannten Wohlstandsgesellschaft. Sehr stark stellen wir das bei Naturvölkern und bei den unterschiedlichen spirituellen Bewegungen fest. Dieses Phänomen finden wir überall dort, wo es noch eine echte gelebte Spiritualität gibt. Was haben die, was wir scheinbar nicht (mehr) haben?

Hier möchte ich nochmals klarstellen, der Mensch ist Geist, hat eine Seele und lebt in einem Körper. Alle drei Bereiche unseres Seins wollen gut genährt sein. Ganzheitliche Ernährung beinhaltet für mich Körper, Seele und Geist. Essen für den Körper, Wissen, Wollen und Spüren für die Seele, Liebe, bewusst SEIN und Urvertrauen für den Geist sind aus meiner Sicht die jeweiligen Nährstoffe. Sobald ein Teil vernachlässigt wird und zu wenig Vitalstoffe erhält, gibt es Mangelerscheinungen, die gestillt werden wollen.

Schauen wir uns das im Bezug auf unseren Körper an. Solange wir ihn entsprechend mit Lebensmittel und ausreichend Vitalstoffen versorgen, ist er quicklebendig. Fehlt es ihm aber an der richtigen Versorgung, kann unser Körper zwar einen gewissen Zeitraum mit Reserven überbrücken, aber dann beginnt er nach Befriedigung zu schreien. Diesen Symptomen begegnen dann viele mit Ersatzbefriedigungen wie Zucker und Knabbereien. Der Körper ist dadurch zwar momentan zufrieden gestellt, aber das Problem wird dadurch noch größer, da der Mangel an Lebensmittel bzw. Vitalstoffen ja steigt. Wenn wir unseren Körper jedoch gut versorgen und uns auch noch ausreichend bewegen, strotzt er vor Kraft und Vitalität. Er ist dadurch viel belastbarer und hat viel mehr Energie.

So wie im Bezug auf unseren Körper ist es auch im Bezug auf unseren Geist. Wenn wir ihn gut versorgen, ist er rege und belastbar und wenn wir ihn schlecht und mangelhaft ernähren, bekommt er Mangelerscheinungen. Unser Geist ist eigentlich unser wahres ICH und genau diesen Bereich hat der Mensch in der sogenannten zivilisierten Welt in den letzten Jahrzehnten, ja vielleicht sogar Jahrhunderten, am meisten vernachlässigt. Das, was das Wichtigste ist, haben wir am meisten vernachlässigt. Unsere Identität kommt einzig durch unseren Geist und unser Bewusstsein, unsere Seele zum Ausdruck. Ohne Spiritualität verkümmern wir, sie ist lebensnotwendig. Sie ist es auch, die die Not in unserem Leben wenden kann.

Menschen, die ihren Geist nicht ausreichend ernähren, bekommen Mangelerscheinungen, die nach Befriedigung schreien. In unserem Innersten entsteht ein Vakuum, das gefüllt werden möchte. Dieses Verlangen versuchen wir dann sehr oft in unserem Äußeren zu stillen. Sei es in und außerhalb der Partnerschaft, im Extremsport, mit Suchtgiften, durch Habgier, Sex, Geltungsdrang, Helfersyndrom und vieles mehr. Wir flüchten uns in Süchte und verschiedensten anderen Ersatzbefriedigungen. Dies verursacht die vielen „Krankheiten" bzw. Probleme in unserer Psyche, in unseren Familien, in der Wirtschaft, in der Politik und letztendlich in der gesamten Gesellschaft. Nicht umsonst halten wir Menschen Ausschau auf der ganzen Welt, wo Spiritualität noch gelebt wird, weil wir diesen inneren Hunger stillen wollen. Dann holen wir alle möglichen spirituellen Religionen, Rituale und Gepflogenheiten aus den entferntesten Ländern in unsere Kultur und glauben darin die Lösung zu finden. Dabei ist die Lösung viel einfacher.

Menschen, die ihren Geist, ihren inneren Menschen, gut ernähren, strotzen vor Lebenslust, Freude, Ruhe, Frieden, Geduld, Besonnenheit, Glück, Weisheit, Zufriedenheit, Selbstbewusstsein usw. Solche Menschen haben eine gute Ausstrahlung und sind ausgeglichen. Sie sind starke Persönlichkeiten und haben dauerhafte Beziehungen, weil sie gelernt haben zu geben und in andere zu investieren. Sie denken Gemeinwohl und nicht egoistisch. Sie wissen wer sie sind und brauchen sich selbst und anderen nichts mehr zu beweisen.

In Wahrheit sind alle diese Dinge die Folge einer guten Ernährung unseres Geistes. Die Hauptnahrung für unseren Geist ist **Liebe**. Wenn es daran mangelt, gibt es nichts, wodurch sie ersetzt werden könnte. Ernährung ist entweder das Problem oder die Lösung. Ernährung wirkt nicht wie ein Medikament, es ist immer ein Prozess, bis sie wirkt. Aber der Mensch ist was er isst und das körperlich, seelisch und geistlich.

Jede Information, die wir aufnehmen, ist Nahrung für unsere Seele und alles was unser Herz berührt, ist Nahrung für unseren Geist. Alles was unser Herz berührt, hat Einfluss auf unseren Geist. Die Nahrungsaufnahme erfolgt über alle unsere Sinne und unser Empfinden. Alles was wir WAHRnehmen, egal ob körperlich, seelisch oder geistig, beeinflusst unser Bewusstsein. Information ist nie neutral!

Ernähren wir unseren Geist mit Verschwörungstheorien, Horrorszenarien, Ängsten, Befürchtungen, Sorgen und Problemen oder mit Liebe, Freude, Friede, Lösungen und mit tollen Träumen und Visionen? Wir leben in einer polaren Welt dieser Gegensätze. Wachsen wird das, worauf wir unsere geistige Energie richten bzw. worauf wir uns konzentrieren. Jeder Gedanke, jedes gesprochene Wort und jede Handlung die wir setzen, hat Auswirkungen auf den Baum unseres Lebens.

Was haben wir zu erwarten, wenn wir nun unseren Geist ausreichend mit „Vitalstoffen" versorgen?

- *Ein wohlgenährter Geist sucht nicht nach Selbstbestätigung, er ist sich seiner SELBST und seines Wertes bewusst. Ich bin der/ die ich bin!*

- *Ein wohlgenährter Geist sucht nicht nach Freiheit, er weiß, dass er frei ist und sein Leben selbstbestimmt gestalten kann.*

- *Ein wohlgenährter Geist sucht nicht nach Liebe, er weiß, dass er Liebe ist und durch ihn die Liebe Gottes zu anderen Menschen fließt.*

- *Ein wohlgenährter Geist sucht nicht nach Frieden, er hat Frieden mit SICH selbst, der Schöpfung und dem Schöpfer.*

- *Ein wohlgenährter Geist sucht nicht nach Wahrheit, er weiß, dass die Wahrheit in ihm lebt.*

- *Ein wohlgenährter Geist sucht nicht nach Reichtum, er weiß, dass göttlicher Reichtum für alle verfügbar ist.*

- *Ein wohlgenährter Geist sucht nicht den Vergleich mit anderen, er weiß, dass er einzigartig ist und lebt in Synergie und Harmonie mit seinem Umfeld.*

- *Ein wohlgenährter Geist sucht nicht nach Karriere und Position, er kennt seinen Platz im Leben, seine Berufung und seine Bestimmung.*

- *Ein wohlgenährter Geist sucht nicht nach Überfluss, er fließt selbst über, weil er Quelle der Liebe ist.*

- *Ein wohlgenährter Geist strebt nicht nach Macht, er weiß, dass der Allmächtige in ihm wohnt.*

- *Ein wohlgenährter Geist schaut nicht auf das was er sieht, er vertraut auf das was er glaubt.*

- *Ein wohlgenährter Geist sucht nicht nach Geborgenheit, er weiß, dass er in sich und in der mächtigen Hand Gottes geborgen ist.*

- *Ein wohlgenährter Geist sucht die Lösungen nicht im Außen, er weiß, dass er selbst DIE Lösung ist für seinen Verantwortungsbereich und das wir gemeinsam die Gesamtlösung darstellen.*

- *Ein wohlgenährter Geist ist voll der Früchte des Geistes und diese sind Liebe, Freude, Friede, Langmut, Freundlichkeit, Güte, Treue, Sanftmut und Selbstbeherrschung.*

Die beste und wichtigste Nahrung für unseren Geist ist Liebe! Diese wird sichtbar durch Beachtung, Wertschätzung, Lob, Zuhören, Zuwendung, Respekt, Mitgefühl, Ehrlichkeit, Klarheit, Konsequenz und all den guten Dingen, die unserem Herzen entspringen. Jedoch können wir nur geben, was wir selbst (erfahren) haben. Daher sollten wir dort hingehen, wo wir zuerst das bekommen, was wir gerne geben möchten.

Gott ist die Liebe und wo die Liebe vollkommen ist, da gibt es keine Furcht, steht im 1. Johannesbrief Kapitel vier geschrieben. Gott ist die Quelle aller Liebe oder die personifizierte Liebe. Daher sollten wir intelligent sein und direkt zur Quelle gehen. Wenn unser Körper Durst hat, gehen wir ja auch zur Quelle, bzw. zum Wasser. Das selbe Prinzip funktioniert auch im geistlichen Bereich. Geben wir doch Gott eine Chance unseren Geist mit Liebe zu erfüllen, indem wir ihn einladen. Er würde unseren freien Willen nie übergehen und uns sozusagen gewaltsam mit Liebe erfüllen. Er ist ein Gentleman und wartet höflich auf unsere Einladung, dass wir ihn bitten, dass er uns mit seinem Geist, also mit der Liebe erfüllen soll und darf. Wir können eigentlich nur gewinnen. Er wird Stück für Stück dieses Vakuum in unserem Innersten füllen und die Mangelerscheinungen verwandeln sich in Fülle!

In der Zeit meiner größten Herausforderungen in Form der Insolvenz habe ich Jesus Christus, der als das personifizierte Licht in die Welt kam, in mich eingeladen, der Gestalter meines Lebens zu sein. Das war die lebensveränderndste Entscheidung, die ich jemals getroffen habe. Für mich war das damals richtig spürbar, dass in mir eine Veränderung stattgefunden hat. Mir ist regelrecht ein Licht aufgegangen. Die Basis für meine gesamte geistige Entwicklung war gelegt und die Auswirkungen dessen sind auch heute noch wirksam in meinem Leben. Ich kann dir nur empfehlen es auch zu tun. Du kannst dabei nur gewinnen.

RAUM FÜR MEINE Notizen

In diesen Bereichen will und werde ich mein Licht aufdrehen:

Gott sprach:
„Es werde Licht.“
Und es wurde Licht.

Genesis *Kapitel 1, Vers 3*

Licht aufdrehen, wie geht das?

Wie bereits in den voran gegangenen Kapiteln erwähnt, ist die einzige Möglichkeit Finsternis zu verwandeln, das Licht aufzudrehen. Egal wie intensiv wir uns mit der Finsternis auch beschäftigen oder sie vertreiben möchten, es wird nur heller, wenn wir das Licht anmachen.

Ich glaube an das Gute in uns Menschen und bin überzeugt, dass eigentlich fast alle das Gute bewirken wollen. Weil wir das Gute so sehr wollen, verbringen wir Menschen unwahrscheinlich viel Zeit damit, Dinge zu bekämpfen und zu verhindern, die das Gute gefährden könnten. Wir sind **gegen** Atomkraftwerke, gegen den Krieg, gegen den Kapitalismus, gegen Machtmissbrauch, gegen die Entscheidungen der Politik, gegen Arbeitslosigkeit, gegen Hungersnot, gegen die Ausbeutung der Erde, gegen Umweltverschmutzung, gegen Walfang und gegen alles, was uns noch so stört. Diese Machenschaften, die wir da so bekämpfen, bezeichnen wir als die finsteren Bereiche von Gesellschaft, Wirtschaft & Politik. Wir wollen erreichen, dass wir in unserem Leben selbst bestimmen und regieren können und dass diese Dinge geschehen, die wir für richtig erachten. Aus Angst das nicht zu schaffen, beschäftigen wir uns jedoch, wie eben erwähnt, mit dem was wir nicht mehr wollen und versuchen alles zu verhindern, was unser Bestreben gefährden könnte. Solange wir das tun, regieren diese Dinge in unserem Leben weil sie unser tägliches Tun beherrschen. Wenn **wir** selbst in unserem Leben regieren wollen, sollten wir unseren Fokus auf das legen, was wir **haben wollen** und nicht darauf, was wir **nicht wollen**. Es wird immer das wachsen, womit wir uns beschäftigen und dem wir Energie geben. In derselben Zeit, wo wir uns mit der Finsternis beschäftigen, können wir auch **„Licht aufdrehen“**. Die Energie folgt immer der

Aufmerksamkeit. Dies ist ein Schöpfungsprinzip bzw. eine geistige Gesetzmäßigkeit. Wie bereits mehrmals erwähnt, wunderbar dargestellt in der WVL-Baumschule.

Das Einzige was unser Leben erhellt ist das Licht! Wie alles im Leben beginnt auch das „Licht aufdrehen" in uns! Wenn wir erkennen, wie sehr wir fähig sind, das **Gute** zu gestalten, umso heller wird es in uns und um uns herum. Das Einzige was uns immer wieder hindert, ist unser Mangel- und Minderwertigkeitsdenken. Weil wir der Meinung sind, dass irgendetwas zu wenig ist oder weil wir uns nicht zutrauen es ändern zu können, versuchen wir negative Entwicklungen zu verhindern und zu bekämpfen.

In einem finsteren Raum genügt es schon, wenn wir ein Streichholz anmachen, um ihn zu erhellen. Wir können die Finsternis nicht ausmachen, sondern nur das **Licht aufdrehen**. Wer sich ständig mit der Finsternis beschäftigt, hat keine Zeit zum **„Licht aufdrehen"**. Daher möchte ich uns ermutigen, uns ausschließlich auf das „Licht aufdrehen" zu konzentrieren. Wir drehen das Licht in uns auf, indem wir immer mehr erkennen, welch gigantischen Nutzen jeder von uns zu geben hat und wie sehr wir fähig sind, das Licht in diese Welt zu bringen.

Ich bin sehr froh das Gott am Anfang der Schöpfungsgeschichte nicht gesagt hat „Wau, ist es hier finster!" nein, er hat gesagt „Es werde Licht!" und er fordert uns immer wieder auf, es ihm gleich zu machen und Licht in der Welt zu sein. Darum hat der Schöpfer in uns diese gigantischen **Werte** in Form dieser einzigartigen Gaben und Fähigkeiten investiert, damit wir in unseren Verantwortungsbereichen leuchten können.

„**Mein** Licht ist die Lösung für **meinen** Verantwortungsbereich.“ Wenn wir unser Licht aufdrehen, sind wir Vorbild für unsere Mitmenschen und ermutigen dadurch immer mehr Menschen auch das Licht in sich aufzudrehen und in die Welt zu tragen. **Dann wird es überall hell!** Das ist zugleich **DIE Lösung** für alle Herausforderungen in Gesellschaft, Wirtschaft & Politik und für die gesamte Schöpfung. Dann haben wir

HIMMEL AUF ERDEN!

RAUM FÜR MEINE *Notizen*

In diesen Bereichen will und werde ich mein Licht aufdrehen:

Wir brauchen Menschen,
die uns inspirieren das zu sein,
wovon wir genau wissen,
das wir es gerne sein möchten!

Günter Peham

„Licht aufdrehen“ in mir

Wenn wir uns mal einen Tag selbst beobachten, welche Gedanken in uns herumschwirren, welche Worte unseren Mund verlassen und welche Handlungen wir setzen, dann wissen wir, wie hell es in uns ist bzw. ob in uns das Licht aufgedreht ist. Unsere Ausstrahlung ist davon abhängig, wie sehr wir uns unseres Lichtes bewusst sind. Ohne **Licht** keine Aus**strahl**ung.

“Da ist mir ein Licht aufgegangen!“ ist eine häufig verwendete Redewendung. Immer wieder haben wir solche einzigartigen Geistesblitze. Die Frage ist, wie wir damit umgehen. Mit welcher Wertschätzung begegnen wir diesen einzigartigen Erkenntnissen. Wischen wir diese gleich wieder vom Tisch und stellen wir damit unser Licht unter den Scheffel, oder begegnen wir diesen Geistesblitzen mit Wertschätzung und Dankbarkeit? Davon wird abhängen, welche Auswirkungen sie in unserem Leben haben. Diese Lichtblicke sind immer ein klarer Hinweis darauf, was unsere Lebensaufgabe hier auf Erden ist. Die größten Erkenntnisse haben wir immer im Bereich unserer Berufung und bzgl. der Gott gegebenen Träume und Visionen.

Der Einfluss, den wir auf unser eigenes Leben haben, ist viel größer, als die meisten wahr haben wollen. Vor allem durch unser Sprechen beeinflussen wir unser Leben sehr wesentlich. In den Sprüchen der Bibel im Kapitel 18 Vers 20 lesen wir: „Von der Frucht seines Mundes wird ein jeder satt, vom Ertrag seiner Lippen wird er gesättigt. Tod und Leben stehen in der Macht der Zunge; wer sie liebevoll gebraucht, genießt ihre Frucht.“

Wenn wir das also genauer betrachten, steuern wir unser Leben zu einem sehr hohen Maß durch unser Sprechen.

Um unser Leben in den Griff zu bekommen, ist wichtig, dass wir lernen unser Sprechen besser zu kontrollieren. Jedes Wort, das aus unserem Mund kommt, bewusst oder unbewusst, hat seine Wirkung, positiv oder negativ. Aber wie können wir das in den Griff bekommen? „Jetzt muss ich genau kontrollieren, was ich spreche. Das zu schaffen wird sehr schwierig“ werden jetzt die meisten denken. Nein, auch das ist eigentlich wieder viel einfacher, als die meisten es sich vorstellen. Was in unserem Herzen ist, das kommt raus! Aus uns kommt immer das heraus, was in uns drinnen ist. Der „Input“ bestimmt den „Output“! Die wichtigste Frage daher ist: Womit füllen wir uns? Denn gerade wenn wir unter Druck kommen, kommt das aus uns heraus, was drinnen ist. Hier ist wieder entscheidend, wie gut unser innerer Mensch entwickelt ist und wie gut wir ihn ernährt haben. **Inform**ation bringt uns **in Form**. Mit welcher Information wir uns ernähren, ist die entscheidende Frage. **Dabei ist die wichtigste Nahrung für unseren Geist, was wir selbst über uns sprechen.**

Es ist nachgewiesen, dass sich die Struktur des Wassers durch sprechen verändert. Das zeigt uns, dass jedes Wort eine Wirkung auf unsere Umgebung hat und der Mensch besteht nun mal zu mehr als 70% aus Wasser und unser Gehirn zu mehr als 80%. Die Welt und das gesamte Universum sind durch Sprechen entstanden. Wir sind die einzigen Geschöpfe, die sich in Form einer Sprache verständigt. Das gibt uns die Möglichkeit, am Schöpfungsprozess teilzuhaben, denn unsere Worte haben schöpferische Kraft. Wir schaffen uns unsere Welt sozusagen mit unserer Zunge.

Es ist unsere eigene Verantwortung uns mit guten Informationen zu füllen und uns mit Menschen zu umgeben, die uns positiv beeinflussen. Wir sind herausgefordert bewusster mit unserer Zunge bzw. mit unserem Sprechen umzugehen und dass wir vor allem das Gute und die Lösungen über uns, unsere Familie, unsere Arbeit, unsere Firma, die Mitmenschen, über unsere Region, unsere Politiker und Nation sprechen.

Folgenden Satz sollten wir jeden Tag mehrmals zu uns sprechen: **„Die Wahrheit über mich ist, dass ich im Höchstmaß fähig bin, einen gigantischen Nutzen für mich, mein Umfeld und für die gesamte Gesellschaft zu geben.“**

Sehr häufig wird uns nur kommuniziert was wir nicht können, wo andere besser sind als wir und wir noch nicht genügen, also mangelhaft sind. Genau diese Dinge produzieren in uns ein Mangeldenken und Minderwertigkeitsgedanken. Zeit unseres Lebens versuchen wir dieses Gefühl des Mangels in uns auszugleichen und uns und der Welt zu beweisen, dass wir eh genügen. Dies ist aus meiner Sicht eine der größten Fallen, in die wir Menschen immer wieder hineintappen.

Da ich in einem Umfeld aufgewachsen bin, wo Selbstwert ein Fremdwort war, steckte ich selbst sehr lange Zeit in dem Gefängnis von Minderwertigkeit und Mangeldenken und bin heute noch damit beschäftigt, herauszukommen. Nach meiner größten Lebenskrise in Form der Insolvenz entwickelte ich ein massives Helfersyndrom. Ich dachte lange Zeit, dass das ein wichtiger Teil meiner Lebensaufgabe und Ausdruck meiner Nächstenliebe sei, mich für andere aufzuopfern. Durch das Entwickeln der WerteVoll-Leben-Baumschule in den 90igern erkannte ich, dass mein Helfersyndrom absolut kein Ausdruck meiner Liebe war. Es wurde nur durch meine Angst ansonsten keine Beachtung und Wertschätzung, keine Liebe von anderen zu erhalten, hervorgerufen. Mir wurde klar, wie bereits beschrieben, dass Liebe bei mir selbst beginnt und nicht beim Gegenüber und das es darum geht, meinen eigenen Wert zu erkennen und aus dieser Haltung heraus ein viel größerer Nutzen für mein Umfeld entsteht als durch das aufopfern. Genau das ist dann Ausdruck von echter Liebe.

Die Wahrheit ist, dass wir von Geburt an genug sind und genügen. Wir sind schon alles und wir können nichts mehr werden. Wir können nur entdecken, dass wir schon alles sind und was wir sind. Wir haben alle Potenziale von Geburt an in uns, die wir brauchen um unserer Lebensaufgabe, den Traum, den Gott in uns hineingelegt hat, gerecht zu werden. Alle Dinge, wo andere (Eltern, Lehrer, Freunde, Chefs usw.) häufig der Meinung sind, dass wir nicht genügen, dafür sind wir einfach nicht zuständig. Finde heraus worin du einzigartig bist und dort gib dein Bestes. Auf einmal genügen wir uns selbst und auch den anderen.

Wir sind selbst für uns und die Entfaltung unserer inneren Werte wie unsere einzigartigen Gaben und Fähigkeiten verantwortlich. Wir haben eine „Werte-Verantwortung“ und wir sollen dieses „Werte bewusst SEIN“, wirklich ausleben. Dann ist das Licht aufgedreht und es wird in uns und um uns immer heller. Wenn wir bereit sind, uns selbst zu lieben und für uns die volle Eigenverantwortung aufzunehmen, werden wir auch in Freiheit ein selbstbestimmtes Leben genießen können. Freiheit kommt von innen, von dem Bewusstsein, dass wir selbst die Fähigkeit haben unser Leben zu gestalten. Wir sind nicht Opfer sondern Schöpfer. Wir sind DIE Lösung für unseren Verantwortungsbereich und gemeinsam stellen wir immer mehr die Gesamtlösung dar, auf die die Menschheit so sehnsüchtig wartet.

„Denn die ganze Schöpfung wartet sehnsüchtig auf das Offenbarwerden der Söhne und Töchter Gottes“ dies ist schon zu lesen im Römerbrief Kapitel 8 Vers 19, der vor ca. 2000 Jahren geschrieben wurde. Ich habe mich bewusst dafür entschieden diese Sohnschaft zu leben.

RAUM FÜR MEINE Notizen

In diesen Bereichen will und werde ich mein Licht aufdrehen:

VerANTWORTung heißt sich
selbst und anderen AntWORT
geben!
Mit dem WORT, dass aus der
inneren Führung kommt,
mit dem Wort Gottes.

Günter Peham

„Licht aufdrehen" in meinem Verantwortungsbereich

Je besser es uns gelingt in uns das Licht aufzudrehen, umso einfacher ist es das Licht in unserem Verantwortungsbereich aufzudrehen. VerANTWORTung übernehmen heißt sich und anderen Antwort geben.

Wir Menschen sind sehr häufig damit beschäftigt unser Umfeld und die Welt zu verbessern und zu verändern. Im Grunde möchte jeder eine schöne, heile Welt. Dabei versuchen wir meist die Fehlentwicklungen bzw. die Auswirkungen unseres Tuns zu korrigieren, aber nicht das, was unser Tun gesteuert hat, die Wurzel, das Kernproblem dieser Entwicklungen. Ähnlich wie in der Medizin, wo auch sehr häufig die Symptome bekämpft werden und nicht die Ursache. Ich kann das Fieber bekämpfen oder der Ursache auf den Grund gehen, woher es kommt und dort ansetzen. Die Frage ist, warum haben wir Menschen uns die Welt so gestaltet, wie sie zurzeit ist? Dazu haben wir ALLE unseren Beitrag geleistet. Jeder darf sich hier selbst bei der Nase nehmen.

So wie sich die Welt heute darstellt, ist die Auswirkung von dem Bild, das wir Menschen in der Vergangenheit von uns hatten. Die Zukunft der Welt wird dem Bild entsprechen, das wir jetzt von **uns** haben.

Also, wenn wir möchten, dass sich das Bild der Welt verändert, sollten wir das Bild, das wir von UNS haben, korrigieren. Welches **Bild** habe ich von mir ist die entscheidende Frage. Sehe ich mich als wertvoll, weil ich bin und wie ich bin, oder versuche ich ständig mich irgendwie wertvoll zu machen? Es ist gigantisch welch kreative Methoden wir Menschen entwickeln, um unser Mangeldenken und unsere Minderwertigkeitsgefühle zu kompensieren. Dies ist vielleicht die größte Geißel der Menschheit überhaupt. Dabei bräuchten wir nur erkennen, dass wir alles schon sind und nichts werden müssen.

Wie lange war ich damit beschäftigt mir, der Welt und Gott zu beweisen, dass ich ein toller Hecht und ein liebenswerter Mensch bin. Sehr häufig habe ich andere runter gemacht, sie als Angeber bezeichnet oder einfach ihre Leistungen klein gemacht, um selbst besser dazustehen. Eine dieser Auswüchse war mein Helfersyndrom, dass ich hier schon einmal beschrieben habe. Erst als ich mich immer mehr als ein Kind Gottes erkannte und immer mehr feststellen durfte, dass ich einzigartig bin und mit tollen Fähigkeiten ausgestattet bin, lerne ich mich selbst wertzuschätzen und letztendlich zu lieben.

„Ich **bin** einzigartig! Ich **bin** mehr als genug! Ich **bin** Fülle! Ich habe alles, was ich brauche, um ein erfülltes und glückliches Leben führen zu können! Ich **bin** mit allen Fähigkeiten ausgestattet, um das hier auf Erden bewirken zu können, was meinen tiefsten Herzenswünschen und meinem ureigenen Auftrag Gottes entspricht! Ich **bin** die Lösung für meinen Verantwortungsbereich und gemeinsam **sind** wir die Lösung für die Herausforderungen auf dieser Welt!" Das ist die **Wahrheit** und das Bild, das wir von uns brauchen! Wir sind schon alles und brauchen nichts mehr zu werden. Dieses Bild von **uns selbst** wird das Bild der Welt prägen. Das ist der Plan Gottes für uns Menschen, dass wir unsere wahre Identität, die Identität Gottes in uns erkennen und leben und dadurch unseren Beitrag zur göttlichen Ordnung erbringen.

Die Wahrheit ist, dass wir nur erkennen brauchen, dass wir alles schon sind und um uns alles vorhanden ist! „**Wer bin ich** und was ist alles schon da?“ Ist die richtige Frage und nicht „Wer will ich werden und wie kann ich genug kriegen?“ Gott hat Nichts vergessen, wir sind schon Alles!

In den Begleitungen, die ich mit den unterschiedlichsten Menschen mache, erlebe ich immer wieder dieselben Herausforderungen. Wir haben ausnahmslos alle unsere Selbstwertprobleme. Wenn wir erkennen, wie einzigartig und wunderbar Gott uns geschaffen hat, dann gelingt es schön langsam dieser Minderwertigkeitsfalle zu entfliehen. Aus meiner Sicht ist es sowieso ein lebenslanger Prozess und braucht ständig unsere Aufmerksamkeit und sehr viel Achtsamkeit. Vor allem eine gute Ernährung unseres Geistes.

Vor mehreren Jahren habe ich „Das REGIErungsprogramm für MEIN Leben!“ zur Begleitung von Menschen, Unternehmen und Regionen bekommen, dass ich auch als Selbstlernprogramm auf unserer Internetseite anbiete. Ich sage deswegen „ich habe es bekommen“, weil es eine Art Eingebung war. Anfänglich haben mich die Menschen, die an einer Begleitung interessiert waren, immer gefragt, welche Ausbildung mich dazu befähige. Ich habe einfach nicht verstanden, warum die mich immer hinterfragen. Bis mir klar wurde, dass ich mich selbst noch hinterfrage. Ich hatte ständig noch Angst, dass Menschen mir das womöglich nicht zutrauen und diese innere Haltung der Angst bewirkte, dass Menschen mich ständig hinterfragten. Dann habe ich verstanden, dass das mein inneres Bild von mir selbst ist, das auf mein Gegenüber wirkt.

Alles beginnt bei mir selbst und bei der BILDung, bei dem BILD, das ich von mir habe, bei meinem SelbstBILD!

Die große Herausforderung ist, obwohl die Nöte da draußen so groß sind und so laut schreien, trotzdem bei sich zu bleiben. Wenn zuerst in uns Menschen die Bewusstseinsveränderung stattgefunden hat, bewirkt dies auch die Veränderung im Außen. Als mir klar wurde, dass ich von höchster Stelle, von Gott, dafür berufen bin, Menschen mit dem „REGIErungsprogramm" zu begleiten und dass das die höchste Befähigung ist, die ein Mensch haben kann, wurde ich nie mehr hinterfragt. Niemand mehr fragte mich welche Ausbildung mich dafür befähigen würde. Es geht immer um dieses Bild, das wir von uns haben und dieses Bild bewirkt die innere Haltung, die nach außen wirkt.

Ich bin überzeugt, dass die Veränderung unseres Bewusstseins, der inneren Haltung bzw. des Bildes, das wir von uns haben, die einzige Möglichkeit ist, eine wirklich nachhaltige Veränderung in Gesellschaft, Wirtschaft & Politik und einen umfassenden und nachhaltigen Wandel zu bewirken. Anfänglich haben wir zwar sehr häufig das Gefühl, dass sich da nichts tut und es braucht tatsächlich seine Zeit. Wenn jedoch dann der Veränderungsprozess zuerst in uns einsetzt, ist die Auswirkung viel größer und nachhaltiger und es geschieht in Leichtigkeit.

Einem Unternehmer, den ich begleiten durfte, wurde dadurch klar, dass es in erster Linie sein „Sein" und seine Haltung sind, die den Unterschied machen. Ihm wurde sein eigener Herzenswunsch immer mehr bewusst und worum es ihm im Leben wirklich geht. Er begann nun seinem Herzenswunsch und seinem Herzensbedürfnis Ausdruck zu verleihen und das machte den Unterschied. Nicht die Anwendung von Methoden oder Strategien. Seine Haltung sich und anderen gegenüber hatte sich verändert. Das hatte gigantische Auswirkungen auf ihn und seine Firma, mit denen er selbst vorher nicht gerechnet hatte. Ohne an den Methoden etwas zu verändern erhöhten sich der Umsatz und vor allem auch der Ertrag im zweistelligen Prozentbereich. Und das in einer Branche, die schwer zu kämpfen hatte und rückläufig war. Natürlich können wir auch an den Methoden und Strategien etwas verändern, aber eine nachhaltige Auswirkung hat es nur, wenn es aus der richtigen Herzenshaltung geschieht. Gute Methoden und Strategien können diesen Prozess jedoch wunderbar unterstützen. Mit der richtigen Haltung verstärkt sich auch deren Wirkung.

Unser Herzenswunsch ist immer mit einem tiefen Bedürfnis und Anliegen verbunden, mit einem Seins-Zustand, den wir uns für uns und die Menschheit wünschen. Das kann sein, dass wir uns wünschen, dass wir mutig zu uns stehen, oder das wir Menschen glücklich sind, ein harmonisches Miteinander haben, etwas funktionell und effizient gestalten wollen, wunderbare Klangerlebnisse zu schaffen, Schönheit und Ethik zu gestalten, das Bedürfnis nach Sicherheit, Vertrauen, Liebe, Bedeutsamkeit, Ehrlichkeit, Freiheit, ein ausgeprägter Sinn für Lösungen und vieles mehr. Dies sind nur einige Beispiele um bewusst zu machen, worum es geht. Bodo Janssen, Geschäftsführer der Upstalsboom-Hotels, drückt es folgendermaßen aus: *„Ich möchte in die Augen glücklicher Menschen blicken!“* Das ist sein Herzenswunsch und er sagt selbst, dass es ihm nicht mehr nur darum geht eine erfolgreiche Hotelkette aufzubauen. Diese dient in erster Linie dazu, dass er in die Augen vieler glücklicher Menschen blicken kann. Dem

Ausdruck zu verleihen hat das gesamte Unternehmen sehr nachhaltig verändert. Es entstand eine neue Unternehmenskultur, die in erster Linie darauf bedacht war, dass die Mitarbeiter auf ihrem Platz glücklich sind. Glückliche Mitarbeiter machen Kunden glücklich, die somit gerne wiederkommen. Dies hat auch den Unternehmenserfolg erheblich gesteigert. Und 10% der Erträge wandern in ein tolles Kinderhilfsprojekt in Ruanda, wo wiederum das Leben vieler Menschen glücklicher geworden ist. Wenn du im Internet unter „Upstalsboom Weg“ suchst, kannst du diese Entwicklung nachlesen und findest noch viele weitere Links zu diesem Thema.

Ein sehr guter Bekannter und Mentor von mir, machte nach seinem Studium eine ziemlich bittere Erfahrung. Als Assistent der Geschäftsleitung wurde er von seinem cholerischen Chef nur runtergemacht. Dies hat in anschließend dazu bewogen, ein Konzept zu entwickeln, wie man Spaß und Freude an der Arbeit mit dem wirtschaftlichen Erfolg so miteinander verbinden kann, dass sie einander verstärken. Das daraus entstandene Konzept „GUnAk“ hat sehr vielen Unternehmern zu außergewöhnlichen Erfolgen verholfen. Immer wenn Menschen ihrem Herzen Ausdruck verleihen, hat das sehr hohe Auswirkungen. Man könnte hier noch sehr viele Beispiele anführen. Welche kennst du in deinem Umfeld?

In jedem von uns schlummern solche Wünsche. In mir ist es der Wunsch nach Selbstwert, Orientierung, Vertrauen und Freiheit. In der Vision von WerteVollLeben beschreibe ich das mit den Worten: *„Eine WERTEkultur der gelebten Liebe, in der wir miteinander in Freiheit Werte Voll Leben.“*

RAUM FÜR MEINE Notizen

In diesen Bereichen will und werde ich mein Licht aufdrehen:

Was immer wahrhaft, edel, recht,
was lauter, liebenswert, ansprechend ist,
was Tugend heißt und lobenswert ist,
darauf seid bedacht!

Philipper *Kapitel 4, Vers 8*

„Licht aufdrehen“ in der Gesellschaft

Wir haben uns in den beiden vorangegangenen Kapiteln sehr intensiv damit beschäftigt, bei uns selbst zu beginnen, weil das diese gigantische Auswirkung auf unser Umfeld hat. Darüber ein hohes Bewusstsein zu haben, denke ich, ist die Basis für einen Wandel in Gesellschaft, Wirtschaft & Politik.

Wir Menschen sind meist nur damit beschäftigt, die Dinge im Außen zu verändern. Viele sagen mir: „Ich habe bei mir begonnen!“ Ja, stimmt, sie haben bei sich begonnen, aber bei sich im Außen. Wir arbeiten an unseren Umständen und wollen unser Verhalten und unsere Handlungen aus eigener Kraft verändern. Jedoch was hier gemeint ist mit dem „bei sich zu beginnen“, ist die innere Haltung zu verändern und zu erneuern. Es geht darum unser Denken über uns selbst zu verändern und zu lernen, uns selbst wirklich zu lieben. In uns das Licht so richtig aufzudrehen. Weil wir erkannt haben, dass wir mehr als genug sind und hier auf dieser Erde eine wichtige Aufgabe haben. Weil uns klar ist, dass ein einzigartiger Nutzen von uns ausgeht. Weil uns bewusst ist, dass Gott uns mit ganz spezifischen Gaben und Fähigkeiten ausgestattet hat und wir damit Licht in der Welt sind, wenn wir diese Potenziale zur Entfaltung bringen. Weil wir erkannt haben, dass Gott durch uns den Menschen seine Liebe zeigen will, indem wir unsere Berufung ausleben und für viele ein Segen sind. Daher fällt es uns jetzt leicht uns wertzuschätzen und zu lieben. Aus dieser Haltung der Selbstliebe entwickeln wir eine immer höhere Wirksamkeit. Wir erkennen, dass es ausreicht zu **sein** und dass das gigantische Auswirkungen hat. Genauso wie wir jetzt gelernt haben uns selbst wertzuschätzen, sind wir nun auch fähig unsere Mitmenschen wertzuschätzen und zu lieben.

Die richtige Information bringt uns **in Form** und schenkt uns Wissen. Weil wir das alles jetzt wissen bewirkt das in uns neue Erkenntnisse. Neue Erkenntnisse bewirken ein neues Bewusstsein. Ein neues Bewusstsein verändert unsere Haltung. Unsere veränderte Haltung bestimmt unser Denken, Sprechen und Tun und weil sich das verändert hat, erhalten wir andere Ergebnisse. So einfach ist das. Aber bitte immer daran denken, dass das alles ein immer währender Prozess ist und seine Zeit braucht.

Mit dieser Grundlage wird es ein Leichtes in der Gesellschaft das Licht aufzudrehen.

Wir alle sind aufgefordert, wie die Kinder zu strahlen.
Wir wurden geboren, um die Herrlichkeit Gottes,
die in uns liegt, auf die Welt zu bringen.
Sie ist nicht nur in einigen von uns,
sie ist in jedem!

Indem wir unser eigenes Licht erstrahlen lassen,
geben wir anderen Menschen unbewusst die Erlaubnis,
das Gleiche zu tun.

Wenn wir von unserer eigenen Angst befreit sind,
befreit unser Dasein automatisch die anderen.

(Auszug aus dem Buch "Rückkehr zur Liebe", Kap. 7, von Marianne Williamson, den Nelson Mandela bei seiner Antrittsrede zur Präsidentschaft zitiert hat)

Zugleich ist dies auch die Grundlage für die SYPODESE, die **sy**nergetische **Po**tenzierung **de**s **SE**INS. Und die SYPODESE bringt ganz neue Formen des Zusammenlebens hervor. Wir leben das, wozu wir berufen sind, unterstützen einander im persönlichen Vorankommen und die Auswirkungen jedes einzelnen potenzieren sich. Wir haben begonnen mit uns selbst anders umzugehen und uns wertzuschätzen, daher sind wir nun fähig miteinander in Harmonie zu leben. Die WERTEkultur der gelebten Liebe, in der wir in Freiheit unsere Werte voll leben, kommt zur vollen Entfaltung. Eine Gesellschaft in der es nur mehr Gewinner gibt. Wir leben unser **Sein** wissend, dass das der wichtigste Beitrag von uns für das **Eins Sein** ist und stehen in Synergie mit den uns ergänzenden Potenzialen.

Daraus kommen alle Lösungen für die Herausforderung der heutigen Zeit zum Vorschein. Wichtig ist hier nochmals zu erwähnen, dass diese Entwicklungen immer ein Prozess sind. Das nimmt uns den Druck, dass immer alles sofort verändert werden muss. Wir lernen dem Prozess zu vertrauen. Es geht immer darum eine gute Entwicklung in Gang zu setzen und diese am Laufen zu halten.

Die Welt ist ja nicht die Kugel, auf der wir leben. Die Welt ist das was wir täglich (er)leben. Das was wir alle gemeinsam im Laufe der Generationen geschaffen haben. Die Welt ist unsere Kultur, die Form unseres Zusammenlebens bzw. das System, das sich in Gesellschaft und Wirtschaft aufgebaut hat. Es ist unsere Haltung, unsere geistige Einstellung und die Art und Weise, wie wir miteinander umgehen.

Aufgrund der vielen Ängsten, die unser System prägen, allem voran das Mangelbewusstsein, hat sich dieses System sehr menschen- und schöpfungsfeindlich entwickelt. Daher ist es vielleicht gut, wenn die „Welt“ untergeht und etwas Neuem, etwas Besserem Platz macht. Ich glaube nicht, dass die Erde als unser Planet untergehen wird. Die hat schon so vieles überlebt, also wird sie sich noch viele Jahrmillionen weiterdrehen. Aber diese Welt als unsere derzeitige Kultur wenn untergeht, werde ich keine Träne nachweinen. Entscheidend ist nur, dass wir uns früh genug mit dem Aufbau einer neuen WERTEkultur beschäftigen. Opfer oder Gestalter, wir können uns entscheiden! Wir können zusehen, wie sich das bestehende System dem Ende zuneigt oder wir können beginnen uns mit dem Aufbau einer neuen WERTEkultur auseinander zu setzen.

Wie soll aber eine „Neue Welt“, eine neue Kultur aussehen? Welche Grundlagen braucht es, damit diese Kultur „besser“ wird und sich menschen- und schöpfungsfreundlicher entfalten kann?

Ich träume seit vielen Jahren von einer liebevolleren und harmonischeren Welt und heute nenne ich das „Eine WERTEkultur der gelebten Liebe“! Ich denke, mit der Liebe als Grundlage für eine neue Kultur und eine neue Welt sind wir sehr gut beraten. Auch dies beginnt, wie alles im Leben und in diesem Buch schon mehrmals erwähnt, bei uns selbst. Nur wenn wir uns selbst lieben uns annehmen und wertschätzen können, können wir dies auch bei unseren Mitmenschen.

In jedem von uns ist so eine spezifische Sicht ein Traum von dem, was wir gerne in dieser Welt bewegen, gestalten oder bewirken möchten. Wenn wir in uns hinein hören und -spüren, erkennen wir in uns immer mehr, was das genau ist. Wir haben gewisse Vorstellungen in uns, wie bestimmte Bereiche von Gesellschaft, Wirtschaft oder Politik ausschauen sollen. Es geht darum, dass wir Menschen wieder den Mut entwickeln und unseren Traum, diese spezifische Sicht zu leben. Was ist das, was Du schon immer in dieser Welt verändern wolltest? Ist es etwas handwerkliches, was kulturelles, möchtest du Menschen einen Weg zeigen, der ihnen aus einer Not heraus hilft, hast du eine spezielle Vision für Bildung, für Wirtschaft, oder hat Gott Dir eine Idee gegeben, wie wir Energie effizienter nutzen können? Ganz egal, was es ist, lebe es und sei dir bewusst, dass es ein Prozess ist, bis das Realität wird.

Menschen haben diese Welt immer gestaltet und wir werden auch die neue Welt gestalten. Menschen die sich selbst lieben und weder sich noch jemand anderen etwas beweisen müssen, können dies in vollem Vertrauen auf Gott und sich selbst tun. In Liebe zu uns, den Geschöpfen, der Schöpfung und dem Schöpfer werden wir das mit der richtigen Haltung tun. Geführt und geleitet, von der Liebe, aus unserem Innersten, der göttlichen Kraft in uns, werden wir genau das tun, wozu wir auf diese Welt gesandt wurden.

Es ist wunderbar & begeisternd zu sehen, wie immer mehr Menschen sich ganz neu orientieren. WERTE und vor allem der Wert des Menschen und im Besonderen ihr eigener Wert sind für sie wieder zu einem zentralen Thema geworden. Bei allem was sie tun, begegnen sie sich selbst und ihrem Umfeld mit hoher Achtsamkeit und gehen mit Allem sehr respektvoll um.

Wie ich begonnen habe, Gott zu bitten mir zu zeigen, wie er unser Zusammenleben gestalten möchte und welchen Plan er für uns Menschen hat, bekam ich mehr und mehr ganz neue Einblicke und Sichtweisen für uns als Organismus Menschheit. Mir wurden Zusammenhänge klar und ich wusste auf einmal Dinge, die ich nie gelernt habe. Immer dann, wenn solche Erkenntnisse in unser Leben treten, können wir absolut sicher sein, dass das mit unserer Lebensaufgabe und unserer Berufung zu tun hat. Das ist die Weisheit, die von Innen kommt, wie im nächsten Kapitel beschrieben.

Wir sind diese Menschen, die diese Welt ganz neu gestalten, denn wir haben dazu alle Gaben und Fähigkeiten erhalten. Wir haben alle Lösungen bereits in uns und sind uns unserer inneren Werte bewusst. Wir haben das „Licht aufgedreht"! Im Vertrauen und Liebe zu uns selbst und zu Gott gestalten wir neue Formen des Zusammenlebens.

Miteinander haben wir die richtige Sicht für alle Bereiche des Lebens. Für ein neues Bildungssystem, das unsere Kinder in ein eigenverantwortliches und selbstbewusstes Leben begleitet. Wir sind uns der göttlichen Gesundheit bewusst und wie wir ein gesundes und genussvolles Leben gestalten können. Wir leben Wirtschaft im Bewusstsein der Fülle und gestalten neue Formen des Austausches. Wir wissen, wenn niemand etwas zurückhält und jeder nur das nimmt, was wir wirklich lieben können, leben alle Menschen in Wohlstand und Fülle und brauchen kein Geldsystem mehr. Wir haben autarke Lösungen der Energiegewinnung entwickelt. Wir gehen mit den Ressourcen dieser Welt weise und wertebewusst um, so dass auch für die nachfolgenden Generationen genug übrig bleibt. Wir füllen die Medien mit auferbauenden und wertschätzenden Inhalten. Wir sind es, die für die gesamte Menschheit eine **WERT**schöpfung zur Entfaltung bringen, die uns den **WERT** der Schöpfung nachhaltig sichert. Der Mensch ist wieder Ausdruck der Weisheit Gottes. Wir haben gelernt die Finsternis in Licht zu verwandeln und die Ängste in Liebe.

Wenn wir alle unseren Fokus auf die wunderbaren Fähigkeit in uns selbst und unseren Mitmenschen legen, wenn wir mit Begeisterung unsere Berufung leben und unsere Lösungsfähigkeit gemäß unserer Lebensaufgabe einbringen, wenn wir wieder erkennen wie gigantisch, perfekt und wundervoll die gesamte Schöpfung gemacht ist, dann kehrt das Paradies auf diese wunderbare Erde zurück. Wir haben es selbst in der Hand und wir sind fähig einen Prozess zu gestalten, der eine Entwicklung genau in diese Richtung ermöglicht.

Mit großer Begeisterung und Zuversicht sehen wir einer tollen Zukunft entgegen, gestaltet von uns Menschen, die sich immer mehr als Teil eines Ganzen, des göttlichen Plans, des **Eins Seins** erkennen. Es ist eine große Freude, gemeinsam mit **dir** diese Welt neu zu gestalten. Denn nur mit einem kollektiven Bewusstsein wird es uns gelingen, die WERTEkultur der gelebten Liebe zur vollen Entfaltung zu bringen!

RAUM FÜR MEINE *Notizen*

In diesen Bereichen will und werde ich mein Licht aufdrehen:

___

___

___

___

___

___

Weisheit ist,
die Dinge so zu tun,
wie Gott sie tun würde.

Günter Peham

Mit Weisheit gelingt alles besser

Im eigenen Verantwortungsbereich „Licht aufdrehen“ erfordert viel Mut und viel Weisheit, um die richtigen Entscheidungen treffen zu können. Immer wieder haben weise Menschen meinen Lebensweg gekreuzt. Eines hatten sie alle gemeinsam. Man spürte sofort, dass es sich nicht um erlerntes Wissen handelt, sondern um etwas, das aus ihrem Innersten kommt! Im Laufe der Zeit wurde mir auch klar, dass Menschen meist nur in einem ganz spezifischen Bereich eine besondere Weisheit haben. Am intensivsten erlebe ich dies, wenn Menschen **ihren Platz** im Leben, ihre Berufung gefunden haben. Genau in diesem Bereich entwickeln sie eine hohe intuitive Weisheit. Auf einmal wissen sie Dinge, die sie nie erlernt haben und keine Ausbildung dafür gemacht haben.

Aus meiner Sicht haben wir keine eigene Weisheit. Wir haben tolle Gaben, Fähigkeiten, Talente und angelerntes Wissen, was man dann Intelligenz nennt. Weisheit kommt aus unserem Innersten, weil unser Innerstes eine Verbindung zur höheren Weisheit und Autorität, zu Gott hat. Wenn wir uns dessen bewusst sind und uns entschieden haben mit Gott eins zu sein, sind wir sozusagen Teil dieser Weisheit.

Es ist einfach nicht weise, wenn wir Menschen nicht zulassen, dass Gott uns aus dem Innen heraus führt. Wir alle kennen es: „Hätte ich doch auf mein Bauchgefühl gehört!“ oder „Hätte ich auf mein Herz gehört!“ Wir haben das doch alle schon erlebt, dass unser Herz immer weiß, was für uns richtig ist. Leider steht uns da sehr häufig unser Kopf, unser Verstand im Weg. Hier dürfen wir unsere Sensibilität wieder schärfen.

So oft habe ich in meinem Leben versucht Dinge aus der eigenen Weisheit und Kraft heraus zu verwirklichen. Meist mit mäßigem oder sogar schlechtem Erfolg. Bei allem, wo ich diese innere Führung gespürt habe, fühlte es sich leicht an, Kräfte wurden frei, mit denen ich gar nicht gerechnet habe, es hatte Anziehungskraft auf die richtigen Menschen, eine besondere Freude war spürbar und was mir besonders wichtig ist, es war immer für alle Beteiligten ein Erfolg und Gewinn. Es fühlte sich richtig gut an war auch immer verbunden mit einem echten Herzensanliegen und inneren Bedürfnis. Ein Ruf, der aus dem Herzen kam. Unser Herz sagt uns immer die Wahrheit. Es geht einfach nur darum wieder mehr darauf zu hören.

Später wurde mir mehr und mehr klar, dass dies meine Berufung oder ein Teil meiner Berufung ist, wenn eine Sache so abläuft. Gott will sich durch uns ausdrücken, wenn wir das zulassen und ihm die Erlaubnis geben. Das ist doch der einzige Grund, warum uns der Schöpfer auf diese Erde gesendet hat. Er will sich durch uns offenbaren und den Menschen sein Liebe zeigen. Dafür hat er uns auch mit allen Gaben und Fähigkeiten ausgestattet, die wir zur Umsetzung brauchen. Zusätzlich stellt uns Gott noch alle Menschen zur Seite, die uns in allem ergänzen, wofür wir nicht selbst zuständig sind. Der höchste Ausdruck von Liebe aus meiner Sicht ist, die Gott gegebene Berufung zu leben. Wenn wir das tun, erlebt die Menschheit den gigantischen Nutzen, der von jedem von uns ausgeht. Die SYPODESE ist somit gelebte Kultur.

Unsere Berufung ist der Ausdruck Gottes durch uns. Wenn wir uns also auf diese Weise mit Gott verbinden, zeigt Gott seine Weisheit durch uns. Wir verbinden dadurch unsere spezifischen Gaben und Fähigkeiten mit der Weisheit

Gottes. Dies verleiht uns in den Bereichen, für die wir verantwortlich sind, eine besondere intuitive Weisheit und eine sehr hohe Autorität und Wirkungskraft. Je bewusster wir das erkennen, umso bewusster lernen wir damit umzugehen. Und das erhöht unsere Auswirkung enorm! Dinge aus diesem Bewusstsein der Weisheit und Autorität Gottes heraus zu tun, ist **„Licht aufdrehen" in reinster Form**.

RAUM FÜR MEINE Notizen

In diesen Bereichen will und werde ich mein Licht aufdrehen:

„Was Du willst, dass man Dir tut,
dass tue Du zuerst anderen!“

goldene Regel aus der Bergpredigt

Die goldene Regel

Um unserer Verantwortung gerecht zu werden, ist die **goldene Regel** aus der Bergpredigt sehr hilfreich.

Auch Du hast sicher schon oft die Wünsche von Mitmenschen gehört, wie sie gerne behandelt werden möchten, wie sie sich ihren Partner, Mitarbeiter, Vorgesetzten, Kunden, Politiker, usw. vorstellen und welche Erwartungen sie an andere haben.

Eine Frage, die ich dann immer gerne stelle, lautet: „Bist du bereit dein Gegenüber so zu behandeln, wie du es von ihm erwartest?" Da werden dann so manche sehr nachdenklich.

Wie möchte ich behandelt werden, wie möchte ich, dass meine Mitmenschen mit mir umgehen? Dies sind Fragen, die wir uns bewusst stellen sollen. Wir beschäftigen uns mit diesen Dingen meist nur, wenn wir uns schlecht oder falsch behandelt fühlen. Die Frage aber ist, was würden wir für richtig oder angenehm empfinden? Denn genauso sollten wir unsere Mitmenschen behandeln und dann werden auch sie beginnen, Schritt für Schritt, uns so zu behandeln und in derselben Art & Weise mit uns umzugehen, wie wir das mit ihnen tun.

Stell Dir bewusst die Frage, wie Du gerne behandelt werden möchtest in den unterschiedlichen Situationen. Schreib es für Dich selbst nieder und beginne über einen längeren Zeitraum Deine Mitmenschen genauso zu behandeln. Du wirst über das Echo erstaunt sein.

Wenn wir wollen,
dass Menschen ihr Bestes geben,
dann tun wir gut daran,
ihnen zu helfen,
das Beste in sich zu entdecken.

Günter Peham

Das Beste erwarten und dem Leben vertrauen!

Eine gute Basis für ein lichtvolles Leben!

Wenn wir das Beste von uns und unseren Mitmenschen erwarten, tun wir gut daran das Beste zu suchen, das in uns und in den Mitmenschen steckt und darauf sollten wir uns konzentrieren! „Licht aufdrehen“ ist immer die Devise.

Wir dürfen uns nicht wundern, wenn es in der Politik, in den Vereinen und in anderen verantwortungsvollen Positionen immer weniger fähige Leute gibt. Es ist ja regelrecht zu einem Wettbewerb geworden, aufzudecken und anzuprangern, was jemand falsch gemacht hat. Sobald jemand, im Besonderen wenn diese Person in der Öffentlichkeit steht, einen Fehler macht, wird auf sie eingeprügelt. Rufmord, Verleumdung und Hass sind einige dieser Auswüchse, denen man Ausdruck verleiht. Vor allem wird das Internet dazu oftmals missbraucht um eine große Breitenwirkung zu erzielen.

Wir Menschen haben häufig eine komische Angewohnheit. Wir suchen bei uns und unserem Gegenüber immer die Fehler, das was wir falsch gemacht haben, nicht gut können und dergleichen. Die Ursache liegt aus meiner Sicht in unserem eigenen Selbstwert. Weil unser Selbstwert niedrig ist, versuchen wir die anderen auf unser Niveau herunter zu holen, auf dem wir glauben zu stehen. Uns ist dabei nicht bewusst, dass wir uns damit selbst erniedrigen, anstatt uns selbst und die anderen zu erhöhen.

Ab dem Zeitpunkt, wo wir erkennen, dass wir wertvoll sind, dass Gott großartige Fähigkeiten und Talente in uns hineingelegt hat und das wir einzigartig sind, fällt es uns viel leichter auch anderen Menschen Wertschätzung entgegen zu bringen. Die Frage ist, welchen Wert sehen wir in uns und welchen Wert sehen wir in anderen Menschen? Haben wir bei uns das Licht aufgedreht und sehen wir das Strahlen der anderen, auch wenn sie ihr Licht unter den Scheffel stellen? **Seinen eigenen Wert zu erkennen ist die wichtigste Grundlage für ein gesundes Selbstwertgefühl.** Dadurch lernen wir automatisch uns auf das Gute in uns und in anderen zu konzentrieren. Die „WerteVollLeben-Baumschule“ ist auch hier wieder eine große Hilfe. Worauf wir uns konzentrieren, das wird in uns und um uns herum wachsen. Wenn wir uns auf unsere Fähigkeiten und Stärken konzentrieren, werden wir sie entdecken und verstärken. Das gleiche gilt im Bezug auf unsere Mitmenschen. Wenn wir uns auf die Stärken unseres Partners, unserer Kinder, unserer Kollegen, der Nachbarn, der Politiker und aller anderen Verantwortungsträger konzentrieren, wird es uns ganz leicht fallen, ihnen Wertschätzung entgegen zu bringen. Wir beginnen einander aufzubauen und zu ermutigen. Wir machen einander unsere spezifischen Werte wie unsere Talente, Fähigkeiten und Gaben und alles was schon da ist bewusst. Wir fördern unser aller Wachstum und steigern das Selbst bewusst SEIN in uns und in den anderen.

Wenn wir lernen uns auf unsere Einzigartigkeit zu konzentrieren, steigt auch die Wahrscheinlichkeit, dass wir den Platz in unserem Leben, unsere Berufung finden, sehr wesentlich, denn unsere Berufung steht im direkten Zusammenhang mit unseren spezifischen Werten, unseren Gaben und Talenten. Je mehr wir unseren Platz einnehmen, ein umso größerer Segen sind wir für uns und unsere Mitmenschen und die Lebensqualität von uns allen beginnt sich zu steigern.

Beginne dir deine spezifischen Werte bewusst zu machen und lerne dich auf das Gute in den Mitmenschen zu konzentrieren. Schreibe dir Deine Stärken auf und die deines Partners, deiner Kinder, Kollegen, der Politiker usw. Das wird dir eine ganz neue Sicht für dein Umfeld geben. Die Wertschätzung füreinander wird um ein vielfaches steigen und wo es eine hohe Wertschätzung gibt, da gibt es auch eine hohe Wertschöpfung.

Eine WERTschöpfung, die uns den WERT der Schöpfung nachhaltig sichert!

RAUM FÜR MEINE Notizen

In diesen Bereichen will und werde ich mein Licht aufdrehen:

Tut alles ohne Murren und Bedenken, damit ihr rein und ohne Tadel seid, Kinder Gottes ohne Makel mitten in einer verdorbenen und verwirrten Generation, unter der ihr als Lichter in der Welt leuchtet.

***Philipper** Kapitel 2, Vers 14-15*
Diesen Bibelvers habe ich als Mission für die Vision von WerteVollLeben im Januar 1999 erhalten.

In dieser Welt ist es so hell, wie wir leuchten!

In meinem Umfeld und auf der ganzen Welt erlebe ich sensationell viele gute Entwicklungen. Immer mehr Menschen beginnen ein neues Weltbild zu prägen.

Was möchten wir, das in unserem Leben und in der Gesellschaft wächst? Wollen wir, dass sich alle diese positiven Entwicklungen verstärken, dass immer mehr Menschen Mitgestalter einer WERTEkultur der gelebten Liebe werden? Dann sollten wir unsere Konzentration und unseren Fokus genau auf diese Dinge legen. Die Energie folgt immer der Aufmerksamkeit. Das ist ein Schöpfungsprinzip, ein Naturgesetz. Gott hat es so eingerichtet. Was der Mensch sät wird er ernten!

Wir alle wünschen uns, dass diese Welt wieder so richtig strahlt. Dass es uns Menschen, der Natur und der gesamten Schöpfung so richtig gut geht. Das wir die gigantische Fülle, die uns zur Verfügung steht, so richtig genießen können. Das zu erreichen ist viel einfacher als die meisten Menschen glauben. Zum einen ist es ein Prozess und braucht seine Zeit und zum anderen brauchen wir nur unser „Licht aufdrehen"! Wenn immer mehr Menschen ihr Licht strahlen lassen und ihre Gott gegebenen Fähigkeit und Talente wieder ausleben und den innewohnenden Traum leben, wird es überall heller. Es gibt schon so viele tolle Beispiele, wo Menschen das in ihrem Leben tun mit wunderbaren Auswirkungen auf ihren Verantwortungsbereich und darüber hinaus. Jeder von uns ist so ein Licht und hat seinen spezifischen Beitrag zum Gelingen des Ganzen.

Auch ich habe lange Zeit geglaubt, dass Finsternis bekämpfen eine wichtige Aufgabe ist. Vor allem war ich auch der Meinung, dass man die Menschen darüber aufklären muss, dass es finster ist in der Welt und wer daran schuld ist und wie finster es ist und so weiter. Muss der Mechaniker, der mein Auto nach einem Unfall reparieren soll, genau wissen wie der Unfall geschehen ist und wer ihn verursacht hat? Aus meiner Sicht braucht er nur zu wissen, wie man den Schaden wieder behebt. Karl Pilsl sagte schon vor Jahren zu mir: „Willst du ein Problem lösen, musst du dich vom Problem lösen!“ Es geht also nicht um das Problem an und für sich, sondern ausschließlich darum, wie wieder eine Lösung herbeigeführt werden kann.

Egal wie wir Dinge betrachten und sehen, heller wird es immer nur dann, wenn jemand das Licht aufdreht. Es gibt dafür einfach keine Alternative, so gerne wir uns auch oft von dieser Verantwortung drücken möchten. Ja, ich verstehe das, dass wir uns meist unbewusst auf das konzentrieren möchten, was andere falsch gemacht haben. Jedoch sind wir ausschließlich für uns selbst verantwortlich und nur wenn jeder bei sich beginnt, wird diese gute Entwicklung in allen Bereichen von Gesellschaft, Wirtschaft & Politik greifen. Es kommt hier wirklich auf jeden von uns an. Jeder Mensch ist Gott gewollt und hat die Fähigkeit seinen Beitrag zu erbringen. Dazu braucht er wieder ein Klima der Inspiration und Ermutigung in den Familien, den Schulen, den Firmen, ja in der gesamten Gesellschaft.

„Steh auf und sei Licht, und die Herrlichkeit des Herrn geht leuchtend auf über dir!“ steht schon im alten Testament und „Ihr seid das Licht der Welt“ finden wir im neuen Testament. Also geht es nur darum, dieses Licht in uns zum erstrahlen zu bringen. Die einzige Möglichkeit die Finsternis zu verwandeln ist „Licht aufdrehen!“.

Denn: „In dieser Welt ist es so hell, wie wir leuchten!“

RAUM FÜR MEINE *Notizen*

In diesen Bereichen will und werde ich mein Licht aufdrehen:

Die wichtigste „Nahrung“
für unseren Geist ist,
wie wir selbst über
uns denken und sprechen.

Günter Peham

„Licht aufdrehen“ in Reinkultur

Eine Kultur der Wertschätzung und Dankbarkeit ist nach meinem Ermessen „Licht aufdrehen“ in Reinkultur und es ist DIE Lösung für alle Probleme und Herausforderungen der gesamten Menschheit.

Diese Welt, und damit ist nicht die Erde gemeint, sondern unser Welt- bzw. Gesellschaftssystem, hat aus meiner Sicht tatsächlich nur ein Problem und das ist ein Mangel an Liebe, Wertschätzung und Dankbarkeit. Die Wurzel dafür liegt in der mangelnden Selbstliebe und im fehlenden Selbstwert. Und davon sind wir alle betroffen. Vor allem die, die meinen, sie seien als Kinder in den Selbstwerttopf gefallen. Ich habe in meinem Leben so viele Menschen kennengelernt, die nach außen unwahrscheinlich selbstbewusst wirken. Bei genauerem Hinsehen kommt man drauf, dass das gesamte Verhalten nur das Überspielen der Minderwertigkeitsgedanken und der Selbstwertprobleme ist. Ständig versuchen sie alle zu übertrumpfen um zu beweisen, dass sie besser sind als andere. Genau diesem Verhalten liegt wieder diese Angst „nicht zu genügen“ zugrunde.

Ich bitte Dich jetzt mit mir in eine Traumwelt einzutauchen. Stellen wir uns gemeinsam vor, wir selbst haben ein hohes Bewusstsein, dass wir ein Teil Gottes sind, denn wir haben uns ja auch dafür entschieden. Wir haben uns als Teil der Liebe erkannt und es ist uns bewusst, dass wir nichts mehr werden brauchen, sondern bereits alles sind. Weil wir für uns selbst eine so hohe Wertschätzung und Dankbarkeit entwickelt haben, gelingt uns das auch bei unserem Partner, Kindern, Kollegen, Chef, Mitarbeitern, Nachbarn, ja bei allen Menschen die uns begegnen. Darüber hinaus ist uns klar geworden, dass alles, was wir Menschen brauchen zum Glücklichsein im Überfluss vorhanden ist. Es ist eine Selbstverständlichkeit, dass wir einander alles gönnen, denn wir haben erkannt, dass Mangel eine der größten Lügen der Menschheit überhaupt ist. „Geben ist seliger denn Nehmen" ist nicht nur zu einem selbstverständlichem Bewusstsein geworden, nein, es ist gelebte Kultur.

Was wäre das für eine Welt?
Das wäre Himmel auf Erden.

Natürlich ist mir klar, dass das nicht einfach so eintritt, nur weil wir uns diesen Träumen hingeben. Aber eines weiß ich, dass wir alle jeden Tag einen Beitrag erbringen können, diesem Idealzustand näher zu kommen. Und mit jedem Promille, mit dem wir dem näher kommen, haben wir die Welt ein kleines Stück lebens- und liebenswerter gemacht.

Jeden Tag können wir uns die Frage stellen, was wir tun können, um eine Kultur der Wertschätzung und Dankbarkeit zur Entfaltung zu bringen.

Wie immer, sollten wir auch hier bei uns selbst beginnen. Beginnen wir doch damit, uns jeden Tag Zeit zu nehmen und uns darüber Gedanken zu machen, wofür wir in unserem Leben dankbar sein können und das wertzuschätzen, was wir an Gaben und Talenten mitbekommen haben. Auf einmal entdecken wir wieder, wie lebenswert unser Leben ist. Freude und Dankbarkeit halten wieder Einzug und Herausforderungen meistern wir um vieles leichter. Niemand mehr tut etwas um seinen Wert darüber zu definieren. Wir kennen unseren Wert. Wir tun die Dinge um ein Segen zu sein.

Aus dieser Haltung fällt es uns auch leicht unseren Mitmenschen mit Wertschätzung und Dankbarkeit zu begegnen. **Es ist eine Kultur der Wertschätzung und Dankbarkeit entstanden.** Auf einmal beginnen wir all unsere tollen Leistungen, die wir einander erbringen, im Höchstmaß wertzuschätzen und keiner mehr fragt nach einem Preisnachlass. Jeder weiß, dass hinter jeder Leistung und jedem Produkt Menschen stecken und daher wertschätzen wir das so gut es uns möglich ist und drücken das auch in Form der Bezahlung aus. Geld sehen wir nur mehr als Wertschätzungs- und Gestaltungsmittel. Dies löst in kürzester Zeit alle Wirtschaftsprobleme. Auch unsere Leistungen und Produkte werden von den Mitmenschen in derselben Form wertgeschätzt und wir alle haben ein Leben in Fülle.

Weil wir auch für die Natur und ihre Ressourcen große Dankbarkeit und Wertschätzung empfinden, gehen wir mit unserer Erde respektvoll um. Wir nehmen nur mehr das, was wir jetzt zum Leben brauchen, denn wir wissen, dass wir auch in Zukunft alles bekommen, um ein glückliches Leben führen zu können.

Wertschätzung hat das Potenzial diese Welt in ein Paradies zu verwandeln.

RAUM FÜR MEINE Notizen

In diesen Bereichen will und werde ich mein Licht aufdrehen:

Wir Menschen haben
keine Fehler und keine Schwächen.

Wir sind nur nicht
für alles zuständig!

Günter Peham

Die größte Lüge der Menschheitsgeschichte!

Was hindert uns so zu leben wie wir das schon immer wollten, bzw. was ist die größte Lüge der Menschheitsgeschichte?

Es ist das Mangeldenken!!!

Sie ist vielleicht die größte Geißel der Menschheit überhaupt und das Einzige, was uns ständig in einer Opferrolle und Sklavenhaltung verharren lässt, ohne es zu registrieren! Wir Menschen gehen meist davon aus, dass etwas fehlt, dass wir zu wenig haben, zu wenig sind, usw. also in irgendeiner Form ein Mangel vorhanden ist. **Das ist die größte Lüge der Menschheitsgeschichte!**

Zeit unseres Lebens sind wir damit beschäftigt, diese Mängel auszugleichen. Machtstreben, Unterwürfigkeit, Habgier, Extremsport, Suchtverhalten (Alkohol, Drogen, Sex, Arbeit, Sport), Helfersyndrom, Karrierestreben, Konsumwahn und dergleichen sind nur einige Symptome, die daraus entstehen. Es geht immer darum „Etwas werden zu müssen", anderen gefallen zu wollen und sich und anderen etwas zu beweisen. Um diesen Mangel auszugleichen und aus Angst uns selbst und anderen nicht zu genügen, greifen wir Menschen oft zu radikalen Mitteln wie Korruption, Mord, Mobbing, Unterdrückung, Krieg, Streit, Verleumdung und andere schreckliche Verhaltensweisen. Wenn wir es nicht schaffen, unsere Erwartungen an uns selbst zu erfüllen und aus unserer Sicht scheitern, schlittern wir in Minderwertigkeit, Depression, Burnout bis hin zu Selbstmord.

Wir versuchen dieses innere Mangelgefühl meist im Außen zu kompensieren und das ist nicht möglich. Daher wird es auch nie genug, weil sich das Mangelgefühl ganz tief in uns drinnen nicht durch äußere Maßnahmen stillen lässt. Der Milliardär hat immer noch das Gefühl, dass er zu wenig Geld hat, der Extremsportler braucht immer wieder den sogenannten Kick und der Diktator hat auch noch zu wenig Macht. Der Mensch ist zu wenig gescheit, zu wenig schnell, zu wenig gebildet, zu wenig belastbar und was weiß ich, was uns Menschen scheinbar noch so alles zu fehlen scheint. Der Fokus ist immer darauf gerichtet was scheinbar fehlt.

Dabei haben wir Menschen keine Schwächen, wir sind nur nicht für alles zuständig.

Unsere Gaben und Talente haben wir ausschließlich dafür erhalten, wofür wir auch verantwortlich sind. Aus Angst nicht zu genügen, sonst nichts wert zu sein, funktionieren zu müssen, den Lebensunterhalt nicht verdienen zu können oder gesellschaftlichen Klischees entsprechen zu müssen, tun wir Dinge, für die wir nicht verantwortlich sind. Und weil wir diese Dinge tun, wofür wir nicht die entsprechenden Fähigkeiten mitbringen, machen wir Fehler, die uns als Schwächen ausgelegt werden. Wir haben aus unserer Sicht versagt. Tatsächlich sind es nur Hinweise, die uns zeigen wollen, was nicht zu unseren Aufgaben gehört und dass unsere Berufung und Lebensaufgabe woanders liegt.

Wenn wir diese Lüge des Mangels entlarven und erkennen, dass wir keine Schwächen haben und alles schon sind und nur erkennen brauchen was wir sind, können wir uns auch alle unsere sogenannten Fehler und Verfehlungen vergeben. Wir schließen Frieden mit uns selbst und unserer Vergangenheit.

Eine Dame, die ich begleiten durfte war zu diesem Zeitpunkt bereits 14 Jahre in psychischer Behandlung und genau so lange nahm sie auch Psychopharmaka zu sich. Wie schon erwähnt, habe ich für Begleitungen ein eigenes Konzept entwickelt beziehungsweise empfangen und das nennt sich „Das REGIErungsprogramm für MEIN Leben!", das ich als Geschenk Gottes sehe. Es steht dir auf unserer Internetseite *www.wertevollleben.com* auf Wertschätzungsbasis zur freien Verfügung. Durch die Begleitung wurde ihr immer mehr bewusst, wie wertvoll sie ist und nach nur 5-6 Wochen war sie frei von den Psychopharmaka. Alles Weitere kläre sie persönlichen mit ihrem Psychotherapeuten und Hausarzt. Einzig und allein dadurch, weil sie frei wurde von ihrem Mangeldenken wurde sie auch frei von den Medikamenten.

Am stärksten wird das Leben von uns Menschen zum Positiven verändert, wenn wir unsere spezifischen Werte entdecken. Ab dem Moment, wo uns bewusst wird, wie sehr wir fähig sind, wie gigantisch der Nutzen ist, der durch uns entsteht und das wir Gott gewollt sind, haben Angst, Depression und Zweifel ihre Macht verloren.

RAUM FÜR MEINE *Notizen*

In diesen Bereichen will und werde ich mein Licht aufdrehen:

Die SYPODESE bewirkt die
volle Entfaltung aller
Menschen und Potenziale.

Günter Peham

DIE Lösung: „Die SYPODESE, die synergetische Potenzierung des SEIN`S“

Im Grunde beruht diese Lösung auf zwei ganz einfachen Dingen: finde heraus warum um Gottes Willen du hier auf dieser Welt bist und wie du mit deinen einzigartigen Fähigkeiten und Gaben deinen Beitrag in Synergie mit den ergänzenden Potenzialen für ein harmonisches Miteinander erbringen kannst. Das ist es! Eigentlich könnten wir hier aufhören. Denn wenn das jeder macht, wird jeder selbst zur **Lösung** für seinen Verantwortungsbereich und gemeinsam stellen wir die **Gesamtlösung** für alle Bereiche von Gesellschaft, Wirtschaft & Politik dar.

Wertschätzung stärkt uns und unsere Mitmenschen und wir entdecken diese gigantischen Schätze in uns und unserem Umfeld. Darauf baut die SYPODESE, die synergetische Potenzierung des SEIN`S auf und daher ist sie die effizienteste und die **einzige** Lösung für alle Herausforderungen unserer Zeit! Vor allem ist sie ganz einfach umzusetzen! Es braucht nur jeder bei sich beginnen. Gott sei Dank gibt es bereits viele, die dies als Lösung erkannt haben, es aber einfach anders bezeichnen, beschreiben und ausdrücken.

RAUM FÜR MEINE Notizen

In diesen Bereichen will und werde ich mein Licht aufdrehen:

____

____

____

Die gesamte Schöpfung ist
auf der „SYPODESE, der
synergetischen Potenzierung
des SEIN`S“ aufgebaut.

Günter Peham

Die Beschreibung der SYPODESE

Stell Dir vor: „Wir alle wirken im täglichen Leben, so wie die Musiker eines Orchesters, in Synergie zusammen. Wissend, dass alles im Überfluss vorhanden ist, nimmt jeder seinen Platz ein, weiß genau was seine Aufgabe ist und bringt seine Fähigkeiten ein für ein harmonisches Miteinander. Daraus entfaltet sich ein „harmonisches Lebensorchester" und wir bewegen gemeinsam viel mehr zum Wohle Aller! Es gibt nur mehr „Gewinner" und keine Verlierer. Wir alle leben in Wohlstand, in einem Stand, in dem es uns wohltut! In unseren Familien, in den Firmen, in den Kommunen und überall, wo Menschen zusammenwirken spürt man, dass die Menschen EINS sind! Hörst bzw. spürst Du welch ein Wohlklang das für Deine Seele ist? Die Basis dafür ist das Bewusstsein der Fülle und Wertschätzung und zu erkennen, das alles schon IST. Wir brauchen es nur zu entdecken. Gott hat eine vollkommene Schöpfung geschaffen. Es ist unser freier Wille, was wir daraus machen.

Die „synergetische Potenzierung des SEIN`S" ist ein Schöpfungsprinzip, eine geistige Gesetzmäßigkeit und konzentriert sich ausschließlich darauf was schon IST! Sie beruht auf zwei ganz einfachen Prinzipien. Wir erkennen, dass wir schon alles und wer wir sind und dass auch um uns herum schon alles ist. Und dann bringen wir uns und alles um uns herum in Synergie mit den ergänzenden Potenzialen. In der Vision, die ich 1999 sehen durfte, beschreibe ich, dass Gott (du kannst auch sagen „meine innere Stimme") mir gesagt hat, dass alles schon fertig ist. (siehe im Buch „Die Lösung für die Herausforderungen dieser Zeit", im Kapitel 2 „Eine WERTEkultur der gelebten LIEBE!") Es ist aus meiner Sicht die wichtigste Grundlage für das „Licht aufdrehen", das zu erkennen. Jetzt beginne ich immer mehr zu verstehen, was

Gott damit gemeint hat. Denn wenn wir die Fülle in uns und um uns herum immer mehr entdecken, erkennen wir auch, dass tatsächlich alles vorhanden ist, was wir Menschen für ein erfülltes Leben brauchen. Es geht nur darum, dass alles wieder in die göttliche Ordnung kommt. Vor allem wir Menschen selbst, in dem wir unseren Platz einnehmen und unsere Bestimmung leben.

Die gesamte Schöpfung ist auf der „ SYPODESE, der synergetischen Potenzierung des SEIN`S" aufgebaut. Dieses Schöpfungsprinzip finden wir unter anderem auch im Ernährungsbereich. Wenn die Vitalstoffe wie Vitamine, sekundäre Pflanzenstoffe, Enzyme und Spurenelemente in unseren Lebensmitteln sich einander in der richtigen und natürlichen Weise ergänzen, potenziert sich ihre Wirkung. Die Wissenschaft weiß zwar bis heute nicht, warum es so ist, sie weiß nur, dass es so ist. Isoliert haben diese Stoffe meist nur einen Bruchteil, wenn nicht sogar eine gegenteilige Wirkung.

Genau so widerspiegelt sich dieses Prinzip in unserem Körper. Auch hier ist es ein Zusammenspiel der einzelnen Zellen bis hin zu den unterschiedlichen Körperteilen und Organen. Deren synergetisches Zusammenspiel macht die Effizienz unseres Körpers aus. Aus der Zellforschung weiß man, dass jede einzelne Zelle unseres Körpers ihren Auftrag kennt und sich dessen genau bewusst ist, wozu sie da ist. Ein Teil dieser Aufgabe der Zelle ist, den höchstmöglichen Nutzen für das eigene Umfeld zu geben. Weitergeführt finden wir das gleiche Prinzip in unserer Gesellschaft und im Zusammenwirken von Menschen. Als Einzelperson mit unseren spezifischen Fähigkeiten und Talenten haben wir trotz unserer Einzigartigkeit nur eine sehr eingeschränkte Wirkung. Wenn wir jedoch beginnen zu kooperieren und unsere Synergien aktiv zu leben, beginnt sich unsere Effizienz zu potenzieren.

Die gigantische Wirkung dieses Phänomens können wir in allen Lebensbereichen erkennen, ob in der Familie, im Teamsport, in Firmen, in Vereinen, Kommunen, bis hin zu Regionen, Nationen und der gesamten Gesellschaft. Es funktioniert überall wo Menschen zusammenwirken und ihr „EINS SEIN" leben. Je stärker das Bewusstsein darüber vorhanden ist und gelebt wird, umso sichtbarer wird die wundervolle Wirkung von diesem Prinzip.

Diese Gesetzmäßigkeit der Schöpfung regelt das Zusammenwirken von allen Kräften im gesamten Universum. Vom kleinsten Mikroorganismus bis hin zum größten Makroorganismus ist alles auf diesem Prinzip aufgebaut, also auch der Organismus Menschheit! Eine der Voraussetzungen ist, dass wir wissen, so wie jede Zelle in unserem Körper, wer wir wirklich sind und was unsere Aufgabe ist und den passenden Rahmen finden, wo wir uns in Synergie mit den ergänzenden Potenzialen voll entfalten können.

Darauf baut die SYPODESE, das Schöpfungsprinzip der „Synergetischen Potenzierung des SEIN`s" auf.

Es ist eine Lüge und vielleicht die größte Lüge der Menschheit überhaupt, dass wir nicht vollkommen seien. Wenn wir uns für den Vollkommenen, für Jesus Christus entscheiden und ihn als unser Herrn und Erlöser in unser Leben einladen, bringt uns das in dieses Bewusstsein der Vollkommenheit und wir leben als dieser vollkommene Teil Gottes, der wir hier auf Erden sind. Wir lassen das Licht, das Gott durch uns in diese Welt bringen will, erstrahlen und erkennen, dass wir alle EINS sind. Das ist die „synergetische Potenzierung des SEIN`S" und das Ergebnis daraus ist eine neue WERTEkultur,

„Eine WERTEkultur der gelebten Liebe!"

Das Leben ist traumhaft,
wenn wir unseren
Traum leben.

Günter Peham

Lebe deinen Traum

In jedem von uns schlummert ein göttlicher Traum, eine wunderbare Vision.

Wir stellen uns oft die Frage, warum so viele Dinge in dieser Welt nicht in Ordnung sind? Warum so Vieles aus dem Gleichgewicht geraten ist und warum es für viele Herausforderungen scheinbar noch keine Lösung gibt?

Aus meiner Sicht ist die Antwort eine ganz einfache: **„Weil so viele Menschen ihren Traum nicht leben!“** Der in uns wohnende Traum, diese tiefe Sehnsucht, was wir in der Welt bewegen oder verändern möchten und können, ist ein riesiger Schatz. Dieser Schatz wartet nur darauf, geborgen zu werden.

Leider wurden wir darauf trainiert, für dieses System der Angst zu funktionieren. Wir sind darauf konzentriert alles auszugleichen, wo wir noch glauben zu wenig zu sein, zu wenig zu wissen oder zu haben, noch nicht zu entsprechen oder den gesellschaftlichen Normen noch nicht zu genügen. Von klein an vermittelt man uns, dass es noch irgendwo zu wenig ist. Auch die Werbung versucht uns das jeden Tag weiszumachen. Es findet sich immer etwas, was noch nicht toll genug ist. Diese Ängste des „zu wenig sein“ lähmen uns.

All diese Dinge halten uns davon ab, das zu leben, wofür wir auf dieser Erde sind. Der Schöpfer hat in dich einen Traum investiert, der mit einer tiefen Sehnsucht verbunden ist. Über diesen Traum sind wir von Licht und Liebe, also von Gott direkt geleitet. Wir erkennen über diesen gigantischen Schatz, wie sehr wir genügen und wie sehr wir richtig und wichtig sind. Wir entdecken, dass wir selbst Licht und Liebe sind.

Wenn jeder Mensch hier auf Erden seinen Traum lebt und dieser inneren Führung vertraut, werden alle Lösungen für die Herausforderungen dieser Zeit sichtbar. So wie in unserem Körper, wo jede Zelle weiß wozu sie da ist und was ihre Aufgabe ist. So sind auch im Organismus „Menschheit" die einzelnen „Zellen" für die unterschiedlichen Aufgaben zuständig und Gott hat bei keiner einzigen Herausforderung vergessen einem Menschen, also einer Zelle, die Lösung dafür zu geben. Jedoch haben scheinbar viele Menschen vergessen, was ihre Aufgabe ist.

Ich möchte dich ermutigen deinen Traum wieder auszugraben und dir die Frage zu stellen, wie er Wirklichkeit werden kann. Erzähle mir bitte nicht, dass es nicht möglich ist, ihn zu verwirklichen. Ich sage dir aus gelebter Erfahrung, dass Umstände, wie finanzielle Herausforderungen, Familie, Partner, Beruf, Ansehen in der Gesellschaft usw. überwunden werden können.

Ich möchte dich inspirieren, ja geradezu auffordern, sei mutig und glaube an deinen Traum! Wisse, dass alles seine Zeit braucht und vertraue darauf, dass die ergänzenden Potenziale auf dich zukommen werden.

Hier einige Fragen, die du dir selbst stellen kannst, um deine Berufung und deinen Traum herauszufinden. Mach dir hier gleich Notizen dazu:

Was bringt mich leicht auf die Palme?

____

____

____

____

Was wollte ich schon immer verändern in dieser Welt?

Welches gute Gefühl ist mir immer wieder abhanden gekommen. Welcher Herzenswunsch wie Geborgenheit, Sicherheit, Liebe, Vertrauen, Wertschätzung, Harmonie, Frieden, Freiheit usw. wurde mir immer wieder geraubt, wenn ich dachte diesen Zustand erlangt zu haben?

Welche Sehnsucht, welcher Herzenswunsch zieht sich wie ein roter Faden durch mein Leben?

Was habe ich immer wieder getan und hat mich nie losgelassen?

Wonach sehne ich mich besonders und was sind meine Herzenswünsche bzw. was wünsche ich mir am meisten für diese Welt?

Die Ergebnisse dieser Fragen zeigen dir deine tiefsten Sehnsüchte, geben deinem Leben SINN und sind Antworten auf die Frage: „Warum um Gottes Willen bin ich hier auf dieser Erde?"

Das „REGIErungsprogramm für MEIN Leben!" zeigt Menschen einen Weg wie sie ihr Licht in sich entdecken und in ihrem eigenen Leben Regie führen können. Es ist immer wieder eine riesengroße Freude, wenn Menschen beginnen zu entdecken wie wertvoll sie sind, wie sehr sie fähig sind ihr Leben selbst zu gestalten, welch gigantische Auswirkungen die inneren Werte in Form ihrer Gaben und Fähigkeiten auf das Leben anderer Menschen haben und wie groß der Segen ist, der von ihnen aus geht.

Ich weiß, dass in jedem von uns so ein Traum schlummert. Dieser Traum ist unser Beitrag zum Gelingen des Ganzen. Denn ausnahmslos alle, die ich begleitet habe und die bereit waren bei sich zu beginnen, haben begonnen diesen Traum, dieses gigantische Licht in sich zu entdecken. Das löst einen Entwicklungsprozess in uns aus, der wundervolle Ergebnisse zur Folge hat und unsere Anziehungskraft auf die richtigen Menschen und Ressourcen enorm verstärkt. Ab dem Moment, wo dieser in uns wohnende Traum in unser Bewusstsein getreten ist, werden diese Automatismen in Gang gesetzt und alle Umstände beginnen sich zu ordnen, weil unser Innerstes in der Ordnung ist. Niemand sonst ist an der Realisierung unseres Traumes so sehr interessiert, als Gott selbst, denn er hat ihn uns gegeben, damit dieser Traum durch uns Wirklichkeit wird und durch uns die Herrlichkeit und Liebe Gottes sichtbar wird.

Hier einige Beispiele von Menschen, die ihren Traum in sich entdeckt haben und immer mehr leben. An diesen Vorbildern sehen wir, welch gigantische Auswirkungen es hat, wenn Menschen sich dieser wichtigsten Verantwortung stellen und ihr „Licht aufdrehen".

Vor über 10 Jahren wurde eine junge Dame von einem Verlag, für den ich als selbständiger Partner tätig war, als meine Assistentin eingestellt. Sie war sehr gut ausgebildet, aber durch mehrere Enttäuschungen innerlich sehr verletzt. Ihr großes Verlangen nach Sicherheit und Geborgenheit verursachte große Ängste wieder nicht zu entsprechen, wieder abgelehnt zu werden und zu versagen. Jeder kleine Zwischenfall versetzte sie in Angst und Schrecken.

Ich sah meine Aufgabe darin, ihr ihre Potenziale bewusst zu machen und sie immer wieder zu ermutigen. Mir war wichtig, ihr klar zu machen, dass sie selbst fähig ist, ihr Leben zu gestalten. Ich zeigte ihr Wege zum „Licht aufdrehen". Nachdem die Kooperation mit dem Verlag zu Ende war, wurde sie eine selbständige Kollegin und begann ihr Leben selbst in die Hand zu nehmen. Nach vielen Auf und Ab`s in ihrer Entwicklung rief sie mich eines Morgens an, dass sie jetzt erkannt hat, was ihre Lebensaufgabe ist. Ihr war nun klar, dass sie die Fähigkeit hat, Menschen anzuleiten ihre eigene Berufung herauszuarbeiten und für sich selbst Wertschätzung zu entwickeln. Sie wusste nun, was das **Licht** ist, das sie in diese Welt bringen darf. Sie begann so richtig zu strahlen und ihr **Licht** entwickelte eine hohe Anziehungskraft. Mittlerweile haben zig Menschen ihre Berufung entdeckt und ihr Mann zeigt ihnen, wie sie zur Eigenliebe kommen und dadurch den Durchbruch in ihrer Berufung schaffen. Die beiden sind mittlerweile ein höchst wirkungsvolles und gefragtes Team.

Ein langjähriger Freund begann in den Neunzigerjahren zu entdecken, dass er gewisse technische und natürliche Zusammenhänge besser versteht, als viele andere. Aus diesem intuitiven Wissen heraus begann er erste Dinge im Bereich der nachhaltigen und erneuerbaren Energie zu entwickeln. Bei seinen vielen Recherchen fand er heraus, dass viele dieser Dinge in ähnlicher Form auch der menschlichen Gesundheit dienen und vor allem auch dort noch wirken, wo die Schulmedizin am Ende ihres Lateins ist. Mittlerweile kann er einige tolle Entwicklungen im Energie- und Gesundheitsbereich auf sein Konto verbuchen. Viele Dinge, die aus Sicht der Wissenschaft unmöglich sind, hat er realisiert und damit gigantischen Nutzen für unzählige Menschen geschaffen.

Ein Unternehmer, den ich mit dem „REGIErungsprogramm für MEIN Leben" begleitet habe, rief mich eines Morgens an, um unseren Termin zu verschieben. Er erzählte mir, dass er den Termin nicht wahrnehmen kann, weil ihm am Vortag seine Bank ohne Angabe von Gründen alle seine Kredite und Konten aufgekündigt hat und er daher nicht weiß, ob und wie es mit der Firma weitergehen soll. „Was soll ich tun?“ war seine Frage. Und meine Antwort war eine ganz einfache: „Licht aufdrehen!“ „Alles wird uns zum Guten dienen, auch wenn wir es nicht immer gleich erkennen.“ ermutigte ich ihn weiter. Mit diesem Funken an Hoffnung begann er sich nach einer neuen Lösung auszustrecken und nicht wie vorher gedacht, das Ende zu besiegeln und am Bestehenden krampfhaft festzuhalten und gegen die Verursacher zu kämpfen. Schon am Nachmittag kam sein zweiter Anruf, wo er mir mitteilte, dass alles wieder in trockenen Tüchern ist. Er hatte nun eine neue Bank, die ihm viel bessere Konditionen gegeben hat. Somit war klar, dass diese vorerst schreckliche Situation, im Endeffekt zu einer viel besseren geführt hat. Weil er ein paar Jahre davor auf Grund einer Naturkatastrophe knapp an einer Pleite vorbeigeschlittert war, wagte er nicht an einen Bankenwechsel zu denken. Es musste eine solche Situation eintreten, die ihn gezwungen hat, die bestehende Bank loszulassen und Ausschau nach einer neuen zu halten. Weil er in dieser sehr herausfordernden Situation den Mut hatte das „Licht aufzudrehen“ und nach einer Lösung zu suchen, wurde es zu einem riesen großen Segen für ihn. Erst wenn wir das bestehende loslassen, kann Gott uns was besseres Neues geben. Seine Firma dient nun dazu, Menschen glücklich zu machen. Daraus hat sich auch ein wunderbares Kinderhilfsprojekt entwickelt.

Eine Dame erzählte mir am Beginn der Begleitungsgespräche, dass ihre berufliche Situation sehr herausfordernd sei, da ihr Chef Choleriker ist und dass das für sie extrem belastend ist. Das sich das ändern könnte, erschien ihr unmöglich, außer es geschieht ein Wunder. Meine Empfehlung war, wie in allen Fällen, wo es sich um zwischenmenschliche Beziehungen handelt, **bei sich selbst zu bleiben**. Wenn wir in uns das „Licht aufdrehen“ hat das Auswirkungen auf unser gesamtes Umfeld und vor allem auf die Menschen um uns herum. Schon nach einigen Wochen erzählte sie mir, dass der Chef begonnen hat, sich ihr gegenüber wertschätzender und rücksichtsvoller zu verhalten. Weil sie bei sich geblieben ist, in sich das Licht aufgedreht hat und nicht versucht hat, die Situation im Außen zu verändern, hat ihre persönliche Veränderung Auswirkungen auf ihren Chef gehabt. Sie selbst ist auf einem guten Weg in ihre Selbständigkeit wo sie Menschen zeigt, wie sie sich ihre eigenen Lebensräume voller Liebe und Wertschätzung gestalten können und wie sie Wege zu einem glücklichen und g`sunden Leben gestalten können.

Bei einer weiteren Begleitung erzählte mir eine Dame, dass ihre Schwester aus nicht wirklich erklärlichen Gründen bitterböse auf sie ist. Das hat sie schwer getroffen, da eine gute familiäre Atmosphäre zu ihren wichtigsten Sehnsüchten zählt. Sie zeigte mir SMS von ihrer Schwester und die kamen wirklich aus der untersten Schublade. „Was soll ich tun und wie kann ich diese Situation verändern?“ war die Frage. Wie immer empfahl ich ihr, bei sich zu bleiben, das „Licht aufzudrehen“ und der Schwester einfach Licht und Liebe zu senden und ganz wichtig, ohne ihr das zu sagen. Einige Wochen später klagte sie mir wieder ihr Leid, weil noch immer keine Änderung in Sicht war. Ich sagte ihr, dass ich keine bessere Möglichkeit kenne und ich empfehle ihr, weiterhin bei sich zu bleiben und das Licht aufzudrehen indem sie sich ihrer eigenen geistigen Kraft und Stärke und ihrer Einzigartigkeit immer mehr bewusst wird. Wiederum einige Wochen später erhielt ich von ihr einen Anruf, dass ein Wunder geschehen ist und sich ihre Schwester mit ihr versöhnt hat und ihr Verhalten beteuert hat. Seither sind sie wieder ein Herz und eine Seele und unternehmen mittlerweile wieder viele schöne Dinge gemeinsam.

Ein weiterer Wegbegleiter hat nach mehreren Stationen als Angestellter eine selbständige Laufbahn eingeschlagen. Jedoch immer, wenn sich gute wirtschaftliche Erfolge eingestellt hatten, machte sich eine innere Unzufriedenheit breit. Nach mehreren Stationen seiner Selbständigkeit wurde ihm bewusst, dass ihm nur eine SINNerfüllte Aufgabe die gewünschte Geborgenheit geben kann, die er für ein glückliches und erfülltes Leben braucht. Er erkannte, dass das nicht nur seine eigenen Sehnsüchte sind sondern dass das auch zugleich das Licht ist, das er den Menschen bringen möchte. Heute begleitet er selbst Menschen, Unternehmen, Organisationen und Regionen in der ganzheitlichen Aktivierung ihrer Potenziale, die ihnen die erforderliche Sicherheit und Geborgenheit schenkt, die sie für eine gute und erfolgreiche Entfaltung brauchen. Sein Licht hat mittlerweile das Leben vieler Menschen erhellt.

Ein Mann, der in seinem Leben und ihm Streben nach Geld und Ansehen keinen Sinn mehr erkannte, kehrte dem Wertschöpfungsprozess seinen Rücken und ging in Pension. Nun hat er sein „Licht aufgedreht“ und für sich erkannt, dass er die Fähigkeit hat Menschen Wege zu einem harmonischen Leben in Frieden zu zeigen. Heute geht er wieder voll Begeisterung durch das Leben und wirkt kraftvoll in seiner Berufung.

Ich könnte noch viele dieser wundervollen Geschichten erzählen, wie sich das Leben der Menschen verändert, wenn sie das „Licht aufdrehen“ und welch gigantische Auswirkungen das auf Gesellschaft, Wirtschaft und Politik hat. Nur weil sie bei sich bleiben und nicht versuchen die gewünschte Veränderung im Außen herbeizuführen, erhalten sie durch die eigene innere Veränderung Ergebnisse, die sie vorher nie für möglich gehalten haben. Auch du kennst Menschen oder hast sogar solche in deinem engeren Umfeld, die ihren Idealismus Leben, ihr „Licht aufdrehen“ und wundervolle Dinge bewirken, beispielhafte Projekte oder Firmen aufbauen und trotz großer Herausforderungen an ihrer Sache dran bleiben. Auch in unserem eigenen Leben haben wir alle schon solche Situationen gehabt, wo es uns gelungen ist das „Licht aufzudrehen“. Welche Auswirkungen das hat, haben wir alle schon selbst erlebt. Jetzt stellen wir uns einmal vor, dass das immer mehr Menschen bewusst wird und beginnen das „Licht aufdrehen“. Wenn immer mehr Menschen ein Licht aufgeht und sie zu strahlen beginnen wird es in allen Bereichen von Gesellschaft, Wirtschaft und Politik immer heller und die Lösungen für die Herausforderungen der heutigen Zeit werden sichtbar und wirksam.

Ich wünsche uns allen von Herzen, dass uns ein Licht aufgeht und wir erkennen, wie einfach es ist, **eine WERTEkultur der gelebten Liebe zu gestalten, in der wir miteinander in Freiheit unsere Werte voll leben** können. Das einzige was es braucht ist, dass du bereit bist bei dir zu beginnen und dadurch andere inspirierst, dasselbe zu tun. Wenn das immer mehr Menschen tun und diesem Beispiel folgen, nimmt diese Entwicklung ihren Lauf. Weil immer mehr Menschen das „Licht aufdrehen“ und leuchten, ist es bald überall hell.

Wenn auch du möchtest, dass es auf dieser Welt wieder heller wird und das Zusammenleben von uns Menschen wertschätzender und harmonischer wird, kann das Weitergeben dieses Buches dazu einen wertvollen Beitrag leisten.

Dir wünsche ich viele lichtvolle Zeiten und ein wertevolles Leben.

Melde dich, wenn du Menschen und ein Umfeld suchst, das mit dir gemeinsam das „Licht aufdreht“ unter:

office@wertevollleben.com

www.wertevollleben.com

In herzlicher Verbundenheit
Günter Peham

Das Buch

DIE LÖSUNG
für die Herausforderungen dieser Zeit.

Gleich bestellen unter: **www.wertevollleben.com**

Um dir das „Licht aufdrehen" in deinem Leben
leicht zu machen, gibt es

„Das REGIErungsprogramm für MEIN Leben!"

Als videounterstütztes
Selbstlernprogramm unter:

http://www.wertevollleben.com/das-regierungsprogramm-selbstlernkurs/

und auf Anfrage als Workshop und
persönliche Begleitung durch den
Autor Günter Peham

WerteVollLeben.com

Verein wertevollleben SINN-Stiftung

Wer sind wir

Werte Voll Leben ist eine Bewegung von Menschen, Unternehmern und Verantwortungsträgern aus Gesellschaft, Wirtschaft & Politik, die mit Mut, Weisheit und Verantwortung miteinander das Leben gestalten. Den Lösungsansatz für eine nachhaltige Entwicklung sehen wir in der Einzigartigkeit und in der Haltung des einzelnen Menschen. Die SYPODESE, die synergetische Potenzierung des Seins, ist der Weg. *(siehe Beschreibung „SYPODESE“)*

Was tun wir

Mit Begeisterung inspirieren und ermutigen wir Menschen, ihre Lösungsfähigkeit in sich zu entdecken und zur vollen Entfaltung zu bringen. Unsere Kernaufgabe ist die Bewusstseinsbildung für **eine Wertekultur der gelebten Liebe in der wir miteinander unsere Werte voll leben**. Wir gestalten Prozesse, wo Menschen zur vollen Entfaltung kommen.

Daraus entstehen organisch gewachsene Netzwerke und diverse Projekte und Initiativen. Diese bilden die Basis für gesundes Wachstum und für eine hohe und gesunde Wertschöpfung. Neue Formen des Zusammenlebens, für ein werteorientiertes Miteinander, kommen zur Entfaltung.

RAUM FÜR MEINE *Notizen*

In diesen Bereichen will und werde ich mein Licht aufdrehen: